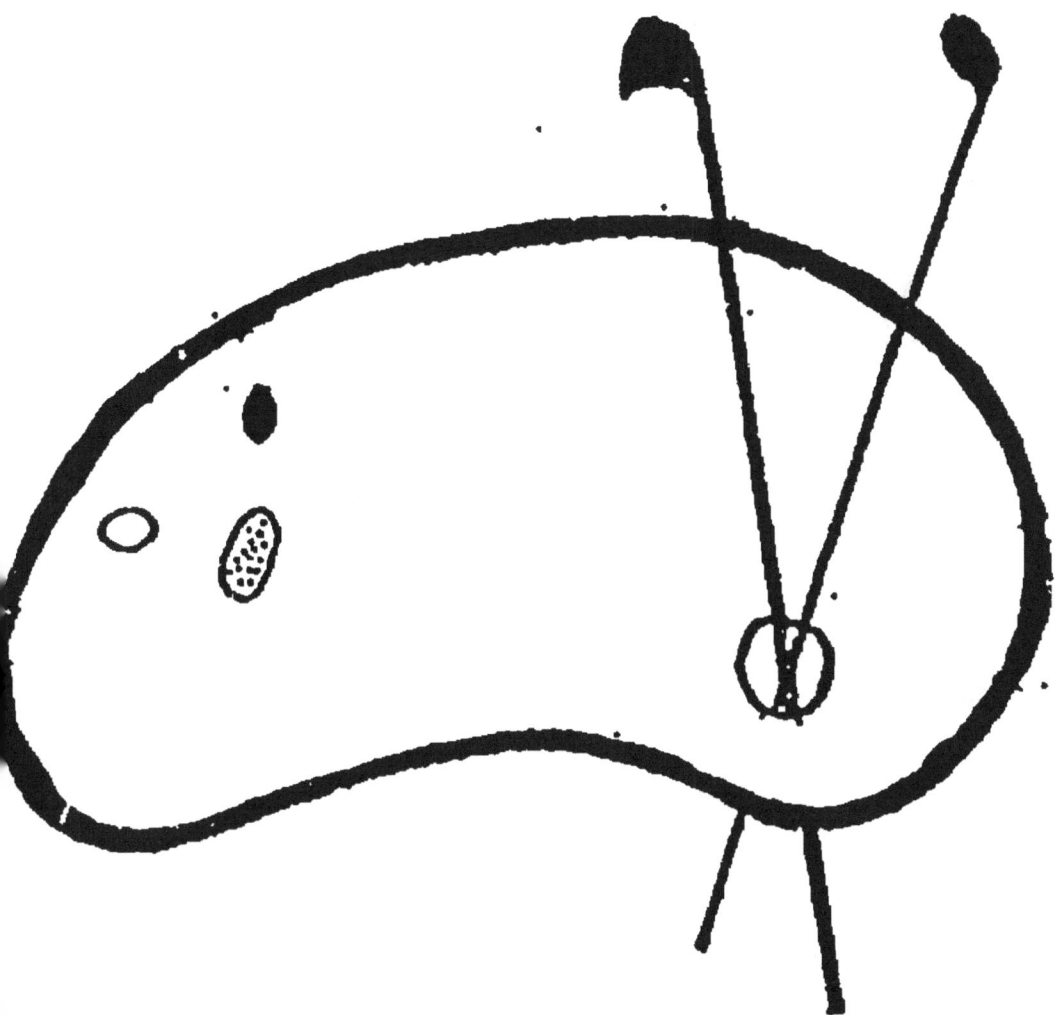

DEBUT D'UNE SERIE DE DOCUMENTS
EN COULEUR

BIBLIOTHÈQUE CLASSIQUE D'OUVRAGES PHILOSOPHIQUES

ARISTOTE

MORALE A NICOMAQUE

(LIVRE X)

NOUVELLE ÉDITION

AVEC UNE ÉTUDE SUR ARISTOTE
UNE ANALYSE COMPLÈTE DE LA *Morale à Nicomaque*
DES NOTES HISTORIQUES ET PHILOSOPHIQUES
ET DES ÉCLAIRCISSEMENTS

PAR

LUDOVIC CARRAU

Professeur à la Faculté des Lettres de Besançon
Directeur des Conférences de Philosophie à la Faculté des Lettres de Paris

PARIS

ANCIENNE LIBRAIRIE GERMER BAILLIÈRE ET Cⁱᵉ

FÉLIX ALCAN, ÉDITEUR

108, BOULEVARD SAINT-GERMAIN, 108

1886

ANCIENNE LIBRAIRIE GERMER BAILLIÈRE ET Cie
FÉLIX ALCAN, ÉDITEUR

BIBLIOTHÈQUE CLASSIQUE D'OUVRAGES PHILOSOPHIQUES

AUTEURS

Devant être expliqués dans les classes de philosophie, conformément aux programmes de l'enseignement secondaire classique prescrits par arrêté du 22 janvier 1885.

AUTEURS FRANÇAIS

Descartes. — *Discours sur la méthode; première méditation*, avec notes, instruction et commentaires, par M. V. BROCHARD, professeur de philosophie au lycée Fontanes. — 1 vol. in-12, 2e édition . . . . 2 fr.

Descartes. — *Les Principes de la philosophie*, livre I, avec notes, par M. V. BROCHARD, professeur au lycée Fontanes. — 1 vol. in-12, broché.

Leibniz. — *Monadologie*, avec notes, instruction et commentaires, par M. D. NOLEN, recteur de l'Académie de Douai. — 1 vol. in-12. . . . . 2 fr.

Leibniz. — *Nouveaux essais sur l'entendement humain*, avant propos et livre I, avec notes par M. PAUL JANET, professeur à la Faculté des lettres de Paris. — 1 vol. in-12. 1 fr.

Malebranche. — *De la recherche de la vérité*, livre II (*de l'Imagination*), avec notes, par M. PIERRE JANET, professeur au lycée du Havre. — 1 vol. in-12. . . . 1 fr. 80

Pascal. — *De l'autorité en matière de philosophie.* — *De l'esprit géométrique.* — *Entretien avec M. de Sacy*, avec notes, par M. ROLLET, doyen de la Faculté des lettres de Rennes. — 1 vol. in-12. . . . . 1 fr.

Condillac. — *Traité des sensations*, livre I, avec notes, par M. GEORGES LYON, professeur au lycée Henri IV. — 1 vol. in-12.

AUTEURS LATINS

Lucrèce. — *De natura rerum*, livre V, avec notes, introduction et commentaires, par M. GEORGES LYON, professeur au lycée Henri IV. — 1 vol. in-12.

Cicéron. — *De natura deorum*, livre II, avec notes, introduction et commentaires, par M. PICAVET, agrégé de l'Université. — 1 vol. in-12.

Cicéron. — *De officiis*, livre I, avec notes, introduction et commentaires, par M. BOIRAC, professeur au lycée Condorcet. — 1 vol. in-12. . . . . 1 fr. 50

Sénèque. — *Lettres à Lucilius* (les 16 premières), avec notes, par M. DAURIAC, professeur à la Faculté des lettres de Montpellier. — 1 vol. in-12.

AUTEURS GRECS

Xénophon. — *Mémorables*, livre I, avec notes, introduction et commentaires, par M. PENJON, professeur à la Faculté des lettres de Douai. — 1 vol. in-18.

Platon. — *La République*, livre VI, avec notes, introduction et commentaires, par M. ESPINAS, professeur à la Faculté des lettres de Bordeaux. — 1 vol. in-18.

Aristote. — *Morale à Nicomaque*, livre X, avec notes, introduction et commentaires, par M. L. CARRAU, directeur des conférences de philosophie à la Faculté des lettres de Paris. — 1 vol. in-12. . . . . 1 fr. 25

Épictète. — *Manuel*, avec notes, introduction et commentaires, par M. MONTARGIS, agrégé de l'Université. — 1 vol. in-12. . . . . 1 fr.

MANUEL DU BACCALAURÉAT ÈS LETTRES (2e PARTIE)
ET DU BACCALAURÉAT ÈS SCIENCES RESTREINT

Histoire naturelle élémentaire (*Zoologie, Botanique, Géologie*), par le D^r LE NOIR. — 1 vol. in-12, avec 251 figures dans le texte, 2e édition, broché . . . . . . 5 fr.

Physique élémentaire, par *le même*. — 1 vol. in-12, avec 453 figures dans le texte. 6 fr.

Chimie élémentaire, par *le même*. — 1 vol. in-12, avec figures dans le texte. 3 fr. 50

Mathématiques élémentaires (*Arithmétique, Géométrie, Algèbre, Cosmographie*), par *le même*. — 1 vol. in-12, avec nombreuses figures dans le texte. . . . . . 5 fr.

Paris. — Typ. G. Chamerot, 19, rue des Saints-Pères. — 18052.

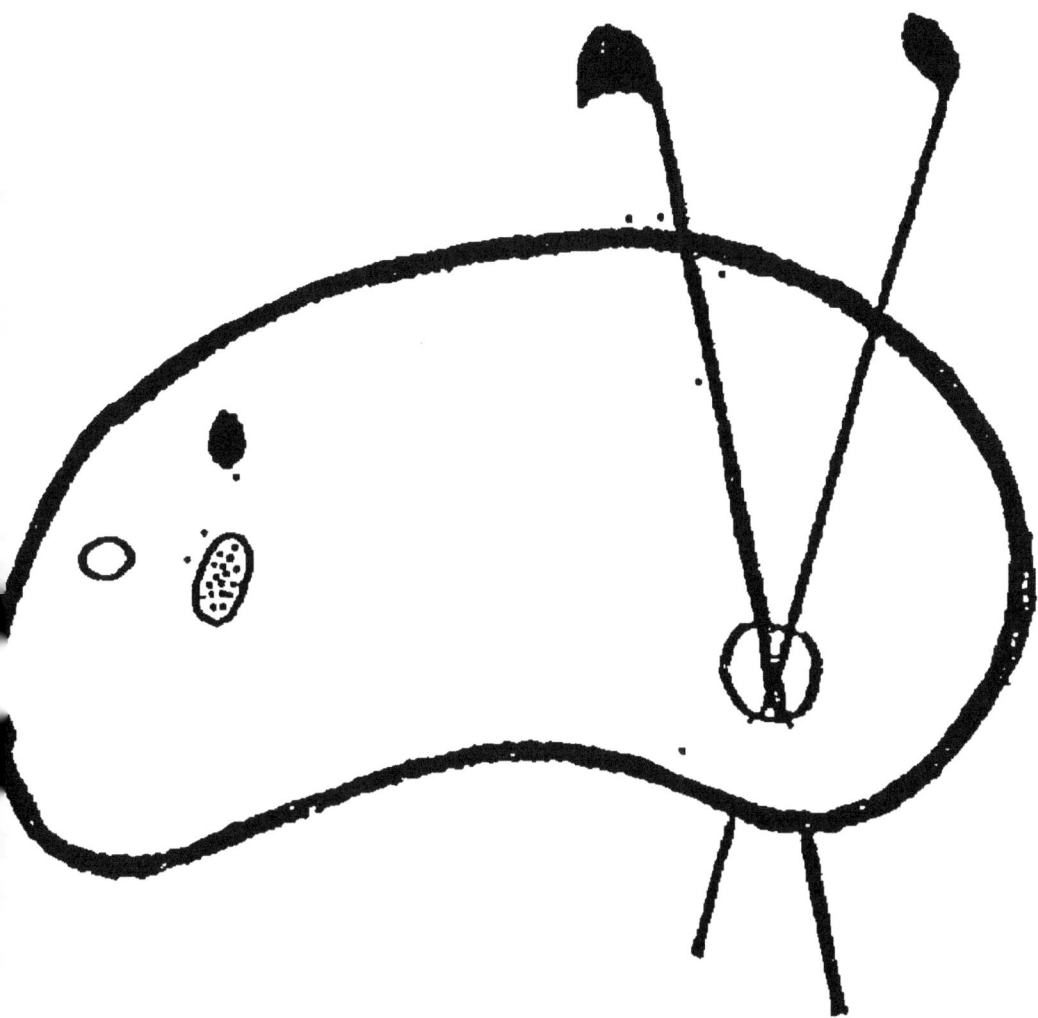

FIN D'UNE SERIE DE DOCUMENTS
EN COULEUR

ARISTOTE

MORALE A NICOMAQUE

(LIVRE X)

ANCIENNE LIBRAIRIE GERMER BAILLIÈRE ET Cie

FÉLIX ALCAN, ÉDITEUR

BIBLIOTHÈQUE CLASSIQUE D'OUVRAGES PHILOSOPHIQUES

AUTEURS

Devant être expliqués dans les classes de philosophie, conformément aux programmes de l'enseignement secondaire classique prescrits par arrêté du 22 janvier 1885.

AUTEURS FRANÇAIS

Descartes. — *Discours sur la méthode; première méditation,* avec notes, instruction et commentaires, par M. V. BROCHARD, professeur de philosophie au lycée Fontanes. — 1 vol. in-12, 2e édition . . . . **2 fr.**

Descartes. — *Les Principes de la philosophie,* livre I, avec notes, par M. V. BROCHARD, professeur au lycée Fontanes. — 1 vol. in-12, broché.

Leibniz. — *Monadologie,* avec notes, instruction et commentaires, par M. D. NOLEN, recteur de l'Académie de Douai. — 1 vol. in-12. . . . . **2 fr.**

Leibniz. — *Nouveaux essais sur l'entendement humain,* avant-propos et livre I, avec notes par M. PAUL JANET, professeur à la Faculté des lettres de Paris. — 1 vol. in-12. **1 fr.**

Malebranche. — *De la recherche de la vérité,* livre II (de l'Imagination), avec notes, par M. PIERRE JANET, professeur au lycée du Havre. — 1 vol. in-12. . . . . **1 fr. 80**

Pascal. — *De l'autorité en matière de philosophie.* — *De l'esprit géométrique.* — *Entretien avec M. de Sacy,* avec notes, par M. ROBERT, doyen de la Faculté des lettres de Rennes. — 1 vol. in-12. . . . . **1 fr.**

Condillac. — *Traité des sensations,* livre I, avec notes, par M. GEORGES LYON, professeur au lycée Henri IV. — 1 vol. in-12.

AUTEURS LATINS

Lucrèce. — *De natura rerum,* livre V, avec notes, introduction et commentaires, par M. GEORGES LYON, professeur au lycée Henri IV. — 1 vol. in-12.

Cicéron. — *De natura deorum,* livre II, avec notes, introduction et commentaires, par M. PICAVET, agrégé de l'Université. — 1 vol. in-12.

Cicéron. — *De officiis,* livre I, avec notes, introduction et commentaires, par M. BOIRAC, professeur au lycée Condorcet. — 1 vol. in-12. . . . . **1 fr. 40**

Sénèque. — *Lettres à Lucilius* (les 16 premières), avec notes, par M. DALRIAC, professeur à la Faculté des lettres de Montpellier. — 1 vol. in-12.

AUTEURS GRECS

Xénophon. — *Mémorables,* livre I, avec notes, introduction et commentaires, par M. PENJON, professeur à la Faculté des lettres de Douai. — 1 vol. in-18.

Platon. — *La République,* livre VI, avec notes, introduction et commentaires, par M. ESPINAS, professeur à la Faculté des lettres de Bordeaux. — 1 vol. in-18.

Aristote. — *Morale à Nicomaque,* livre X, avec notes, introduction et commentaires, par M. L. CARRAU, directeur des conférences de philosophie à la Faculté des lettres de Paris. — 1 vol. in-12. . . . . **1 fr. 25**

Épictète. — *Manuel,* avec notes, introduction et commentaires, par M. MONTARGIS, agrégé de l'Université. — 1 vol. in-12. . . . . **1 fr**

Paris. — Typ. G. Chamerot, 19, rue des Saints-Pères. — 18052.

BIBLIOTHÈQUE CLASSIQUE D'OUVRAGES PHILOSOPHIQUES

ARISTOTE

MORALE A NICOMAQUE

(LIVRE X)

NOUVELLE ÉDITION

AVEC UNE ÉTUDE SUR ARISTOTE
UNE ANALYSE COMPLÈTE DE LA *Morale à Nicomaque*
DES NOTES HISTORIQUES ET PHILOSOPHIQUES
ET DES ÉCLAIRCISSEMENTS

PAR

LUDOVIC CARRAU

Professeur à la Faculté des Lettres de Besançon
Directeur des Conférences de Philosophie à la Faculté des Lettres de Paris

PARIS

ANCIENNE LIBRAIRIE GERMER BAILLIÈRE ET C⁰

FÉLIX ALCAN, ÉDITEUR

108, BOULEVARD SAINT-GERMAIN, 108

1886

TABLE DES MATIÈRES

MORALE A NICOMAQUE

INTRODUCTION

EXPOSITION SOMMAIRE DE LA MORALE D'ARISTOTE [1]

I

Théorie du souverain bien.

On sait que, pour Aristote, toute réalité individuelle et concrète implique quatre principes, qui sont la matière et la forme, le principe du mouvement ou cause efficiente, et la fin. La fin (τέλος, τὸ οὗ ἕνεκα), c'est ce en vue de quoi la chose existe, c'est le but qui a déterminé l'action de la cause efficiente. S'agit-il d'une œuvre d'art, d'une statue, par exemple? La fin est la figure conçue par l'imagination de l'artiste; reproduire cette figure sur la pierre ou le marbre, voilà le but que se propose le statuaire, voilà ce qui lui met en main le ciseau, voilà la cause de tout le travail auquel il va se livrer; et si ce travail est cause efficiente de la statue, la conception de la figure qu'elle doit représenter, but de cette série d'efforts, en est aussi et en même temps la cause; elle est *cause finale*, ou, comme dit Aristote, cause de la cause.

La statue est achevée, la fin particulière à laquelle

---

1. Voy. M. BARTHÉLEMY-SAINT-HILAIRE, *Préface de la traduction de la Morale d'Aristote*; M. RAVAISSON, la *Métaphysique d'Aristote*; t. I; Grant, *Essays* dans le premier volume de l'édition de *the Ethics of Aristotle*; OLLÉ LAPRUNE, *de Aristoteleœ Ethices fundamento*, thèse latine pour le Doctorat, et, du même auteur, *Essai sur la morale d'Aristote* (couronné par l'Académie des sciences morales et politiques). Paris, Belin, 1881.

tendait le sculpteur a été atteinte, si le marbre exprime
fidèlement la forme idéale du dieu ou du héros qu'il
est chargé de présenter aux yeux. En ce sens l'œuvre
est parfaite ; car la statue est tout ce qu'elle peut être
en tant que statue. On voit par là que le bien et la fin
sont identiques.

Dans la nature, chaque espèce d'êtres a sa fin particulière et, par suite, son bien propre. La fin, le bien de
la plante diffèrent du bien et de la fin de l'animal ;
l'homme aussi a une fin, un bien, qui ne sont pas ceux
du végétal ou de la brute.

S'il est vrai qu'un être ait atteint sa fin quand il
est parvenu à toute la perfection que sa nature comporte, il suffira, pour déterminer son bien, de connaître exactement cette nature. Le bien propre de
l'homme sera donc la perfection, l'achèvement de la
nature humaine, et c'est l'observation de celle-ci qui
nous le révélera.

L'homme possède la vie, comme la plante ; la vie,
la sensibilité, l'instinct, la faculté motrice, comme l'a-
nimal. Mais il a de plus que lui le pouvoir d'agir avec
discernement et choix, ce qui suppose la raison.

Agir conformément à la raison, en lui subordonnant
non seulement la partie nutritive et végétative de
notre être, qui lui est commune avec l'animal et la
plante, mais cette partie, irraisonnable par elle-même
(le θυμός de Platon), capable pourtant de recevoir et
d'exécuter les ordres de la partie raisonnable : voilà la
nature propre de l'homme, voilà son bien.

Mais il est possible d'en déterminer l'essence avec
plus de rigueur. Un être qui a conscience d'agir conformément à sa nature, d'en développer tous les pou-
voirs avec plénitude et harmonie, d'atteindre par suite
à toute la perfection pour laquelle il est fait, ne peut

manquer d'être heureux. Le bonheur d'un être sensible est identique à son bien.

L'homme est heureux quand il vit comme il doit vivre, quand il agit comme la raison l'ordonne, c'est-à-dire quand il est vertueux. Si, pour Aristote, le souverain bien de l'homme c'est le bonheur, ce bonheur est inséparable de la vertu qui en est l'essentielle condition.

Le bonheur ou le souverain bien de l'homme peut donc être défini; « une activité de l'âme conforme à la vertu; et, s'il y a plusieurs vertus, c'est l'activité conforme à la meilleure et à la plus parfaite (τὸ ἀνθρώπινον ἀγαθὸν ψυχῆς ἐνέργεια γίγνεται κάτ' ἀρετήν· εἰ δὲ πλείους αἱ ἀρεταί, κατὰ τὴν ἀρίστην καὶ τελειοτάτην). » — Et il ajoute : « Il faut encore que ces conditions soient remplies dans une vie complète; car une seule hirondelle ne fait pas le printemps, non plus qu'un seul beau jour, et l'on ne peut pas dire davantage qu'un seul jour de bonheur ni même quelque temps de bonheur suffise pour faire un homme heureux et fortuné. »

On voit par là qu'Aristote se fait du bonheur, ou souverain bien, une idée très noble et très élevée. Il écarte avec dédain l'opinion du vulgaire qui le fait consister dans la jouissance des plaisirs corporels, il admet que la recherche de la gloire soit un but légitime pour les âmes supérieures; mais il revient avec insistance sur l'indissoluble rapport qui unit, selon lui, le bonheur à la vertu. Parmi tous les êtres animés, l'homme seul est capable de bonheur, parce qu'il est seul capable de vertu. Contrairement à cette maxime de Solon, qu'il faut attendre la mort d'un homme pour dire qu'il est heureux, Aristote affirme que le bonheur est à tout instant au pouvoir de l'homme, puisque rien n'est plus assuré dans la vie humaine que la vertu. De quelques infortunes qu'il devienne la victime, jamais le sage ne sera misérable ; car jamais il ne commettra d'actions blâmables et mauvaises ; sa vertu qui fait son bonheur tire un lustre des épreuves mêmes qu'elle traverse.

Mais, si le bonheur est aux mains de chacun, il est pourtant aussi, de l'aveu de tous, un don des dieux ; ce qui veut dire que, par quelque côté, il ne dépend pas de nous.

La vertu en est bien la condition essentielle ; elle n'est pourtant pas la seule, et il y faut, dans une certaine mesure, le concours favorable des circonstances extérieures. Aristote est trop attaché à l'expérience pour soutenir, comme le feront les Stoïciens, qu'au milieu des plus cruelles tortures de l'âme et du corps, le sage trouve dans la conscience de sa vertu la suprême félicité. Il avoue, avec le bon sens, que si l'homme honnête n'est jamais malheureux, il ne saurait plus être fortuné s'il tombe par hasard en des malheurs semblables à ceux de Priam. Sans doute, les plus grands, les plus nombreux désastres ne pourront altérer sa sérénité ; mais ils ébranleront son bonheur, et ce n'est pas tout d'un coup qu'il se remettra de ces terribles secousses ; « ce ne sera qu'après un long intervalle durant lequel il aura pu retrouver successivement de grandes et brillantes prospérités. »

Les biens qui ne dépendent pas de la volonté seule ne sont pas indifférents. Santé, beauté, honneurs, richesses, affections domestiques, s'ils ne sont pas rigoureusement indispensables au bonheur du sage, en sont cependant l'achèvement. De plus, ces biens devront être possédés sans interruption pendant toute la durée d'une longue vie.

Voilà la part de la destinée, ou, si l'on veut, de la divinité, dans le bonheur du sage. Élevé à cette per-

fection, le souverain bien est quelque chose de plus
que la vertu. La vertu, conquête d'efforts tout volontaires, œuvre de l'activité raisonnable et libre, mérite
nos louanges : le bonheur, comme tout ce qui est divin,
mériterait plutôt nos respects.

Entré dans la plénitude du bonheur, l'homme aurait
dépassé la sphère des luttes douloureuses où triomphe
la vertu. Sa condition serait, en quelque sorte, plus
qu'humaine, et la sagesse, rehaussée par l'éclat d'une
prospérité qu'aucune disgrâce ne viendrait jamais atteindre, présenterait ici-bas l'image la plus fidèle de
l'inaltérable félicité de Dieu.

Tel est dans son principe, l'*eudémonisme* d'Aristote.
Il renferme des contradictions qu'il n'est pas difficile
de démêler. On nous dit, d'une part, qu'il est au pouvoir de l'homme d'être heureux, parce qu'il dépend de
lui d'être vertueux ; d'autre part que les biens extérieurs sont nécessaires au bonheur, dans une mesure
qu'on ne détermine pas. Si la vertu constitue essentiellement le souverain bien, le sage hésitera-t-il à
sacrifier au besoin sa vie pour ne pas commettre une
action déshonorante ? Non, sans doute, et Aristote le
déclare expressément. Pourtant, sans la possession
des biens extérieurs, prolongée pendant une longue
vie jusqu'à la mort, le sage ne saurait être pleinement
heureux. Et ces biens, cette vie même, il y renoncera
volontiers, si la vertu l'exige ! Un tel sacrifice achève
sa vertu, et par conséquent son bonheur, et voilà que
ce bonheur s'anéantit avec l'existence au moment pré-
cis où il se consomme !

Aristote observe, il est vrai, avec sa profondeur ordinaire, que la perfection des choses excellentes ne s'ac-
croît pas par la durée. La Pensée divine, qui trouve
dans la pensée d'elle-même une félicité souveraine,

est en dehors et au-dessus du temps; de même, pourrait-on dire, le souverain bonheur du sage s'offrant à la mort parce que la vertu le commande, est tout entier ramassé en un instant indivisible, en sorte qu'une vie de plusieurs siècles n'y saurait rien ajouter. — Mais n'est-ce pas là méconnaître l'essentielle condition de la nature humaine, qui est de se développer en une série de phénomènes successifs? Et s'il n'y a pas de bonheur sans la conscience du bonheur, comment ce bonheur ne croîtrait-il pas avec le nombre même des actes de conscience qui l'attestent? Comment ne serait-il pas détruit par la certitude que cette conscience, sans laquelle il n'est rien, va s'évanouir à jamais?

On sait en effet que le dogme de l'immortalité personnelle n'a pas sa place dans la philosophie d'Aristote. Il ne la nie pas expressément; il semble même l'admettre dans certain passage où il soutient l'opinion qu'après la mort nous nous intéressons encore au destin de nos enfants et de nos amis, et où il discute sur la nature et la vivacité des impressions d'outre-tombe. Mais ce sont là, sans doute, des concessions faites, dans un ouvrage *exotérique,* aux croyances populaires. Ni la métaphysique ni la psychologie péripatéticiennes ne s'accordent avec l'hypothèse que la conscience individuelle puisse survivre à la dissolution de l'organisme. Le νοῦς χωριστός est entièrement indépendant de la mémoire, et, sans la faculté du souvenir, toute conscience de l'identité personnelle est impossible.

La contradiction que nous avons signalée subsiste donc tout entière. Il est évident, selon nous, qu'Aristote n'a pas eu une vue très nette de la distinction qu'il convient d'établir entre le bien moral et le souverain bien. Le bien moral est le caractère d'une volonté qui se conforme à la loi du devoir. Le bien moral est obligatoire, car nous sommes tenus de vouloir accomplir la loi. Le bien moral est absolu, car l'obligation de bien vouloir est inconditionnée; mais il est subjectif, car il n'est rien autre que la bonne volonté, laquelle est tout entière en nous. Est-il besoin d'ajouter que le bien moral dépend exclusivement de nous, puisque rien n'est plus nous-mêmes que notre volonté?

Le souverain bien pourrait être défini l'objet suprême de toutes les aspirations de notre être. Or, nous ne voyons pas qu'on puisse sérieusement contester que cet objet soit le bonheur. Mais quoi de plus complexe, de plus indéterminé que l'idée du bonheur? Combien sont variables les conditions du bonheur, selon les temps et les lieux, l'âge, le sexe, la position sociale de chacun? Où est l'homme qui pourrait dire avec précision quels biens il lui faudrait posséder, et dans quelles proportions, pour être pleinement heureux? Il ne nous paraît donc pas que le souverain bien puisse être véritablement un; il est une collection de tous les biens qui sollicitent le désir, chacun d'eux étant estimé et recherché selon une hiérarchie de perfection qu'il s'agit de fixer.

Cette multiplicité presque infinie des éléments qui constituent le souverain bien explique qu'on ait pu, dans l'antiquité, donner de celui-ci plus de trois cents définitions différentes. Par là s'expliquent aussi les incohérences et les contradictions de la théorie d'Aristote. Il est parti de ce fait d'expérience, incontestable, universel, que tous les hommes aspirent au bonheur; mais qu'est-ce que le bonheur? c'est sur quoi ils ne s'accordent pas. Au milieu de tant d'opinions divergentes ou contraires, l'expérience ne saurait plus servir de fil conducteur. Un principe paraît évident à Aristote, c'est que, en morale comme dans

toutes les sciences, tous les arts, c'est l'opinion du
meilleur qui est la mesure de la vérité. En fait d'architecture, le bon juge c'est le bon architecte; en fait
de bien, c'est l'homme de bien ou l'homme vertueux.
Mais qui prouve que l'homme vertueux soit meilleur
que le méchant, le débauché? L'expérience, ici, n'a rien
à voir; la raison prononce directement et sans appel
« La vertu vaut mieux que le vice » est une proposition
qui a l'autorité d'un axiome, et, d'autre part, la vertu
se distingue de son contraire par des traits qu'il est
impossible de méconnaître.

En possession de ce *criterium,* le jugement de l'homme
vertueux, Aristote pouvait facilement établir une sorte
de hiérarchie entre les biens multiples et divers qui
constituent le souverain bien. Au premier rang, à une
distance presque infinie des autres, il place la vertu; car
le sage proclame que c'est par elle qu'il est heureux.
Mais va-t-il jusqu'à prétendre que la vertu lui suffise,
quelles que soient d'ailleurs·les circonstances extérieures, pour être parfaitement heureux? Non, car il
ne le pourrait sans mentir à l'expérience du genre
humain et sans se mentir à lui-même. On peut dire des
lèvres (le peut-on même?), dans le taureau de Phala-
ris : *Quam suave est!* L'être tout entier, tordu par la
souffrance, proteste contre cette vaine bravade.

Voilà pourquoi, très légitimement, selon nous, Aristote fait figurer les biens extérieurs parmi les éléments
et les conditions du souverain bien. Mais, ici encore,
c'est la raison qui assigne à chacun son rang. Des richesses honorablement acquises, la santé, une considération méritée, la gloire, la prospérité de ses amis,
de ses proches, de sa patrie, sont aussi désirables pour
le sage que les grossiers plaisirs des sens le sont peu.
Ainsi prononce, non l'expérience ou l'opinion du vul-

gaire, mais le seul juge compétent, infaillible, l'homme vertueux.

En définitive, c'est une conception non expérimentale, celle de perfection, qui sert de fondement à la morale d'Aristote. Cette perfection n'est pas celle de Dieu ; il ne s'agit pas ici de ce que Descartes appellera plus tard l'idée du parfait. C'est la perfection de la nature humaine, car chaque classe d'êtres a son bien propre, et la morale ne doit avoir en vue que le bien de l'homme. Mais cette perfection, on ne saurait trop le répéter, est un idéal dont tous les traits ne sont pas fournis par l'expérience ; en tout cas, ce n'est pas elle qui assigne à chacun d'eux son importance relative et les subordonne à une harmonieuse unité. Spinoza nous paraît préciser et développer le principe de l'Éthique d'Aristote, quand il dit : « L'homme conçoit une nature humaine de beaucoup supérieure à la sienne, où rien, à ce qu'il semble, ne l'empêche de s'élever ; il recherche tous les moyens qui peuvent le conduire à cette perfection nouvelle ; tout ce qui lui semble un moyen d'y parvenir, il l'appelle le vrai bien ; et ce qui serait le souverain bien, ce serait d'entrer en possession, avec d'autres êtres, s'il était possible, de cette nature humaine supérieure... Voilà donc la fin à laquelle je dois tendre : acquérir cette nature humaine supérieure, et faire tous mes efforts pour que beaucoup d'autres l'acquièrent avec moi [1]. »

Si parmi les conditions de cette nature humaine supérieure, l'acquisition du bien moral ou de la vertu est seule proprement obligatoire, ne pourrait-on pas

1. *De la Réforme de l'Entendement*, tr. Saisset, t. III, p. 301. Nous nous permettrons de renvoyer, pour le développement de ces idées, à notre ouvrage : *la Morale utilitaire* (couronné par l'Institut), p. 380 sq.

1.

dire que la recherche de ces biens extérieurs, qui, pour
Aristote, achèvent, dans les limites de cette vie, la perfection de notre bonheur, l'est aussi, secondairement,
il est vrai, et par une sorte de contre-coup? Ne suis-je
pas tenu, dans la mesure de ce qui m'est possible,
d'être heureux, au sens où l'entend Aristote, c'est-à-
dire d'ajouter à la conscience du bonheur que me
donne ma vertu, une santé robuste, la richesse, la considération, les affections domestiques, etc., quand il
est surabondamment prouvé qu'une volonté énergique
habite rarement un corps malade, que l'indigence,
l'abjection, sont mauvaises conseillères, et qu'il n'est
pas bon que l'homme soit seul? De ces biens extérieurs,
plusieurs, il est vrai, pourront m'échapper sans qu'il y
ait de ma faute; mais, quand une fois j'aurai reconnu
leur valeur morale, j'aurai plus de chances de les con-
quérir et de les conserver, tout en sachant, s'il faut
m'en passer ou les perdre, que la possession du seul
bien qu'aucune fortune ennemie ne me puisse ravir,
la vertu, a de quoi me dédommager amplement des
plus cruelles disgrâces.

Il ne nous paraît donc pas que l'*eudémonisme* d'A-
ristote mérite entièrement les critiques qu'on lui a
prodiguées. Le caractère rationnel de son principe le
met fort au-dessus de toutes les doctrines utilitaires
qui se sont succédé depuis Épicure jusqu'à Bentham et
Stuart Mill. Il a le très grand avantage à nos yeux de ne
supposer aucune donnée transcendante et *nouménale* de
l'ordre métaphysique ou théologique. Il est austère
sans être rigoriste; il fait une place légitime aux biens
de ce monde, qu'on ne peut proscrire sans condamner
l'auteur même de la nature et de l'humanité. Il est
d'accord avec les plus profonds et les plus nobles besoins du cœur comme avec les conditions du progrès

politique, social, industriel ; et, en plaçant la richesse parmi les éléments, secondaires il est vrai, du souverain bien, il semble devancer les démonstrations de la science moderne sur l'harmonie constante et nécessaire qui unit l'économie politique et la morale.

Sur deux points seulement, l'éthique d'Aristote nous paraît inférieure à celle du plus grand des moralistes, Kant. Il n'a pas suffisamment marqué le caractère obligatoire, impératif, de la loi du devoir. Pour lui, l'homme doit pratiquer la vertu, parce que c'est là son œuvre propre, parce qu'il convient de faire ce qui est beau (οἱ μὲν ἀνδρεῖοι διὰ τὸ καλὸν πράττουσι — ὁ δὲ ἐπιεικὴς διὰ τὸ καλὸν πράττει, etc. [1]). — Quant aux actions particulières, c'est encore selon qu'elles sont belles ou laides que nous sommes portés à les accomplir ou à les éviter ; ce sens du Beau moral semble, pour Aristote, faire partie de notre constitution mentale [2]. L'idée du devoir est près de se confondre avec celle du Beau, et la science des mœurs avec l'esthétique.

Par suite, Aristote est muet, ou peu s'en faut, sur les sanctions de la loi morale. Cette voix intérieure, que les modernes appellent la conscience, ce juge que chacun porte en soi et dont les arrêts sont pour le coupable un châtiment plus sévère que tous ceux qu'ont inventés les Cæditius et les Rhadamante [3], Aristote n'en parle qu'une fois [4], et ce qu'il dit des tourments du

1. Éth. à Nic. II, ix, 2. — IV, viii, 1.
2. Αἰσθητικὴ μεσότης, (Éth. à Nic. III, iv, 4).
3. Pœna autem vehemens ac multo sævior illis
    Quas aut Cæditius gravis invenit, aut Rhadamanthus,
    Nocte dieque suum gestare in pectore testem.   (JUVÉNAL.)
4. « Les méchants peuvent bien rechercher des gens avec qui ils passent leurs journées ; mais, avant tout, ils se fuient eux-mêmes. Quand ils sont seuls, leur mémoire ne leur fournit que des souvenirs douloureux ; et, pour l'avenir, ils rêvent des projets non

méchant ne rentre aucunement dans une théorie
générale des peines et des récompenses attachées à la
pratique ou à la violation de la loi. Quant à la sanction
religieuse qui suppose l'immortalité de la personne,
Aristote garde sur elle un silence absolu ; et nous avons
remarqué déjà qu'elle ne saurait trouver place dans
son système.

II

Théorie de la vertu.

Si la vertu est sans comparaison le plus important
des éléments qui constituent le souverain bien, l'œuvre
essentielle du moraliste sera de rechercher ce que c'est
que la vertu, quelles en sont les différentes espèces,
les conditions nécessaires, quels enfin les moyens les
plus propres à nous y conduire.

On peut dire d'une manière générale que, pour cha-

moins blâmables ; tandis qu'au contraire, dans la compagnie d'autrui, ils oublient ces odieuses idées. N'ayant donc en eux rien d'aimable, ils n'éprouvent pour eux-mêmes aucun sentiment d'amour.
De tels êtres ne peuvent sympathiser ni avec leurs propres plaisirs
ni avec leurs propres peines. Leur âme est constamment en dis-
corde ; et tandis que, par perversité, telle partie s'afflige des priva-
tions qu'elle est forcée d'endurer, telle autre se réjouit de les
subir. L'un de ces sentiments tirant l'être d'un côté, et l'autre le
tirant de l'autre, il en est, on peut dire, mis en pièces. Mais,
comme il n'est pas possible d'avoir tout à la fois et du plaisir et de
la peine, on ne tarde guère à s'affliger de s'être réjoui ; et l'on
voudrait n'avoir pas goûté ces plaisirs, car les méchants sont
toujours pleins de regrets de tout ce qu'ils font. Ainsi donc le méchant ne paraît jamais, je le répète, en disposition de s'aimer lui-
même, parce qu'en effet il n'a rien non plus d'aimable en lui. »
(Eth. Nic., l. IX, ch. IV, tr. de M. BARTHÉLEMY-SAINT-HILAIRE.)

que chose, la vertu est tout à la fois ce qui en complète
la bonne disposition et lui assure l'exécution parfaite
de l'œuvre qui lui est propre. Par exemple, la vertu de
l'œil fait que l'œil est bon, car c'est grâce à la vertu de
l'œil que l'œil voit bien. De même la vertu du cheval
fait le bon cheval, rapide, propre à porter son cavalier,
à soutenir le choc des ennemis.

La vertu d'un être étant ainsi l'achèvement de sa nature ou de son acte propre, pour connaître ce que c'est
que la vertu de l'homme, il faut observer la nature
humaine. Or, on l'a vu, celle-ci comprend trois parties :
une partie végétative et nutritive qui nous est commune avec les animaux et les plantes ; une partie irraisonnable par elle-même, mais capable de comprendre
et de suivre les ordres de la troisième, qui est la raison.

De là une distinction fondamentale entre les vertus
morales et les vertus intellectuelles.

Les vertus morales se rapportent à la seconde partie
de l'âme, qui est dans la doctrine d'Aristote ce qu'est
le θυμός dans la psychologie de Platon. Elles sont essentiellement des habitudes. Elles ne sont donc pas en
nous naturellement, car l'habitude est chose acquise.
Mais elles ne sont pas non plus en nous contre le vœu
de la nature ; celle-ci nous en a rendus susceptibles, et
c'est l'habitude qui les développe et les achève en nous
Nous apportons en naissant de simples dispositions,
des facultés toutes nues, en quelque sorte, et ce n'est
que plus tard que nous produisons les actes qui en dé-
rivent. C'est par la fréquente répétition des mêmes
actes que l'habitude se forme. De là, l'importance in-
calculable de celle-ci et la nécessité de plier l'enfant
dès le premier âge à la pratique de l'honnêteté.

Pour qu'une action soit vraiment vertueuse, il y faut

trois conditions : que celui qui l'accomplit sache bien
ce qu'il fait; qu'il la veuille comme objet d'un choix ré-
fléchi; qu'il soit enfin dans la ferme intention de ne
jamais agir autrement. De ces trois conditions, la première, observe Aristote, est la moins importante, malgré l'opinion contraire de Platon et de Socrate qui fai-
saient consister la vertu dans le savoir. Quant à la
seconde et à la troisième, elles impliquent toutes deux
l'existence du libre arbitre. Sur ce problème, capital
pour les moralistes modernes, Aristote se contente du
témoignage de la conscience et du sens commun. Il ne
va pas se demander si la liberté humaine est conciliable
avec la prescience et la providence divines, ou le déter-
minisme universel; il la prend comme un fait, à la fois
psychologique et social; il constate ce fait, le distingue
avec précision de ce qui n'est pas lui, en marque
les nuances les plus subtiles, volonté, intention, préférence, délibération. — Nous croyons qu'Aristote a eu
raison de ne pas compliquer la science des mœurs de
données cosmologiques ou théologiques. Le libre arbitre doit, selon nous, être pour le moraliste un postu-
lat; il le suppose, il n'a pas proprement à le démontrer.

Préoccupé plus encore de pratique que de théorie,
car la grande affaire en morale, c'est la pratique, Aristote s'attache à rechercher ce qu'est, dans la vie réelle
et quotidienne, la vertu. L'expérience lui a appris
comme à tout le monde qu'une certaine proportion
entre deux extrêmes est généralement salutaire: l'excès
de nourriture compromet la santé, mais l'excès opposé
la ruine également. De là cette théorie célèbre, que
la vertu est un milieu entre deux extrêmes (μεσότης τις).

Qu'est-ce que le courage? Un milieu entre la témérité et la lâcheté. La libéralité? un milieu entre la prodigalité et l'avarice. Les deux termes extrêmes sont des

vices: *in medio virtus*. Aristote n'a pas fermé les yeux
aux exceptions. Il sait fort bien, dit M. Barthélemy-
Saint-Hilaire, que « toute action, toute passion n'est
pas susceptible de ce milieu, et qu'il y a tel acte qui,
du moment qu'on en prononce le nom, emporte avec
lui l'idée du mal et du vice », sans qu'aucune atténua-
tion puisse le ramener par degrés à cet état moyen où
il deviendrait une vertu. Il sait fort bien encore que « le
langage se refuse à rendre toutes ces nuances, et qu'il
y a telle série où le vice par excès n'a pas de nom spécial, tandis que, dans telle autre, c'est le vice par défaut,
ou que, dans telle autre encore, c'est le milieu, c'est-à-
dire la vertu même qui est restée sans dénomination ».
Il est donc fort éloigné d'attribuer à sa propre théorie
une valeur absolue, et il ne la présente que comme une
généralisation, ordinairement assez exacte, de l'expérience. Il en tire une très bonne recette de perfection-
nement moral, reproduite plus tard par Franklin; c'est
que, pour se corriger d'un penchant qui peut conduire
au vice, il faut se pencher en sens contraire; « car, en
nous éloignant de toutes nos forces de la faute que
nous redoutons, nous nous arrêtons dans le milieu, à
peu près comme on fait quand on cherche à redresser
un morceau de bois tortu [1]. »

Cette théorie, indiquée déjà par Platon, et dont l'ori-
gine remonte peut-être aux Pythagoriciens, qui rame-
naient volontiers les choses morales à des termes
numériques, ne nous paraît donc pas mériter les repro-
ches que Kant lui a adressés, et nous sommes ici pleinement d'accord avec l'éminent traducteur d'Aristote :
« Théoriquement, elle n'a rien de faux, quand on la
limite; pratiquement, c'est une règle de conduite

1. Eth. Nic., II, ix, 7.

excellente quand on est assez fort pour l'appliquer ».

Mais si, aux yeux de l'expérience, la vertu est généralement un milieu, en un sens plus philosophique, elle est un sommet (ἀκρόν τι) Elle est une mesure exacte, que la raison connaît et détermine, entre un excès et un défaut; en deçà et au delà, il y a vice. Elle est donc une perfection, une forme achevée de l'activité volontaire et, pour chaque genre d'actions et d'habitudes, comme le point culminant qu'il convient d'atteindre [1].

Une rapide analyse ne peut insister sur les théories des vertus particulières : courage et tempérance, libéralité, magnificence, magnanimité, douceur, franchise, pudeur, justice, amitié. On ne saurait trop admirer la délicatesse pénétrante dont fait preuve Aristote dans cette partie de sa morale. Il procède par portraits, dont quelques-uns sont d'une beauté achevée. Celui du magnanime est à bon droit célèbre. C'est le type de l'homme et du citoyen, tel qu'il apparaissait au plus grand génie des temps antiques, au plus Grec de tous les Grecs : type infiniment supérieur à l'idéal monastique, dominant depuis la chute du paganisme jusqu'à la Renaissance, qui courbe l'homme sous la terreur de l'enfer, maudit la famille et ignore la patrie. Calme, heureux dans la conscience de sa vertu qui est son œuvre, de sa dignité, de sa force, le magnanime d'Aristote, bien autrement que le dévot mystique du moyen âge, mérite d'être l'instituteur et le modèle de nos démocraties modernes éprises de liberté, de justice et de progrès.

1. M. Grant (t. I, p. 251. sq.) donne de la théorie de la μεσότης une explication plus profonde et plus philosophique; il en ramène la conception à l'idée d'ordre, de loi, introduite par la raison dans l'indétermination primitive des instincts. L'interprétation est peut-être un peu forcée; nous n'avons pas à la discuter ici, et nous nous en tenons à celle qu' est généralement reçue.

On a vu qu'Aristote distingue deux classes de vertus, les vertus morales et les vertus intellectuelles. La théorie de ces dernières est un peu superficielle; le philosophe n'y a évidemment pas mis la dernière main.

La partie raisonnable de l'âme comprend elle-même deux parties, l'une qui n'est relative qu'à la science et aux principes éternels et immuables, l'autre qui délibère et calcule sur les choses contingentes. La vertu principale qui se rapporte à celle-ci est la prudence.

On peut dire en général des vertus intellectuelles qu'elles sont plutôt des dons de la nature que des acquisitions volontaires. L'habitude a donc beaucoup moins de part à leur formation qu'à celle des vertus morales. Cependant, comme elles se produisent et s'accroissent avec l'âge, qu'elles supposent une longue observation et la docilité aux avis des vieillards, il serait excessif de prétendre que l'habitude n'est pour rien dans leur développement.

La prudence, vertu essentiellement pratique, a surtout pour objet les détails et les faits particuliers. Elle éclaire chacun sur son propre intérêt, mais en même temps elle entretient d'étroits rapports avec la science politique, car l'intérêt de l'individu ne saurait être séparé de celui de la famille et de celui de l'État.

La Sagesse (σοφία) est une vertu supérieure qui élève l'homme au-dessus des biens humains et de ses intérêts personnels. Elle est le plus haut degré de la science; il semble donc qu'elle soit, pour Aristote la vertu de cette partie de l'âme qui connaît les principes indémontrables, les vérités nécessaires et éternelles : l'intelligence (νοῦς).

Il n'en est rien pourtant, car, observe Aristote, le sage doit pouvoir quelquefois donner des démonstrations, ce qui implique autre chose que la pure contemplation des principes. Il s'ensuit que la sagesse a aussi un caractère pratique et qu'elle participe à la fois de la science et de l'intelligence, celle-ci étant proprement la faculté des principes.

L'acte de l'intelligence qui contemple est donc supérieur même à la plus haute vertu intellectuelle : il est le suprême bonheur, et, s'il se prolonge, la vie pleinement heureuse. Et ainsi la théorie de la vertu permet de déterminer avec plus de précision encore que nous ne pouvions le faire au début de cette analyse, la nature du souverain bien.

L'intelligence est quelque chose de divin, ou du moins elle est dans l'homme ce qu'il y a de plus divin : l'acte de cette partie, conforme à sa vertu propre, doit être le bonheur parfait, et cet acte, c'est celui de la pensée et de la contemplation.

Cet acte, en effet, est de tous le meilleur (κρατίστη τε γὰρ αὕτη ἐστὶν ἡ ἐνέργεια), puisque l'intelligence est la plus précieuse des choses qui sont en nous. De plus, cet acte est celui dont nous pouvons le mieux soutenir la continuité (συνεχεστάτη); car nous pouvons penser bien plus longtemps de suite que nous ne pouvons faire quelque autre chose que ce soit. Ajoutons que, si le plaisir doit se mêler au bonheur (et comment en douter?), l'acte conforme à la sagesse est, de tous les actes conformes à la vertu, le plus agréable de tous de l'aveu général (ἡδίστη δὲ τῶν κατ' ἀρετὴν ἐνεργειῶν ἡ κατὰ τὴν σοφίαν ὁμολογουμένως ἐστί). Les plaisirs que donne la philosophie semblent donc admirables et par leur pureté et par leur certitude. — Disons encore que la véritable indépendance ne se trouve que dans la vie intellectuelle et contemplative. Le juste a besoin de gens envers lesquels et avec lesquels il exerce la justice.

L'homme tempérant, l'homme courageux, sont de même dans la nécessité d'être en relation avec autrui. Le sage, au contraire, même seul, peut contempler (θεωρεῖν), et, plus il est sage, plus il contemple.

Cette vie de contemplation intellectuelle est la seule qui soit aimée pour elle-même, car il n'en résulte rien autre chose que la contemplation, tandis que, dans toutes les choses où l'on agit, on poursuit quelque but plus ou moins étranger à l'action. Les vertus pratiques (ou morales) s'exercent généralement soit dans la politique soit dans la guerre; leurs actes sont pleins d'agitation; ils ne sont pas recherchés pour eux-mêmes, ils ne sont que moyens. Or le vrai bonheur consiste dans le repos; on ne travaille que pour arriver au loisir (δοκεῖ τε ἡ εὐδαι-μονία ἐν τῇ σχολῇ εἶναι, ἀσχολούμεθα γὰρ ἵνα σχολάζωμεν). Où donc le trouver, ce vrai bonheur, sinon dans cet acte de l'intelligence contemplative, qui n'a d'autre but que lui seul, qui porte avec lui un plaisir qui lui est propre et en augmente encore l'intensité? « Ainsi, et l'indépendance qui se suffit et la tranquillité et le calme, autant du moins que l'homme peut en avoir, et tous les avantages analogues qu'on attribue d'ordinaire au bonheur, semblent se rencontrer dans l'acte de l'intelligence qui contemple. Il n'y a donc que lui, certainement, qui soit le bonheur parfait de l'homme, pourvu toutefois qu'il remplisse la vie tout entière, car aucune des conditions de bonheur ne peut être incomplète.

« Peut-être d'ailleurs une telle vie est-elle au-dessus de l'homme; l'homme peut vivre ainsi, non pas en tant qu'homme, mais en tant qu'il y a en lui quelque chose de divin. Et autant ce divin principe est au-dessus du composé (du corps et de l'âme), autant l'acte de ce principe est supérieur à tout autre acte conforme à la vertu. Mais, si l'entendement est quelque chose de divin

par rapport au reste de l'homme, la vie propre de l'entendement est une vie divine par rapport à la vie ordinaire de l'humanité. Il ne faut donc pas croire ceux qui
conseillent à l'homme de ne songer qu'à des choses
humaines, à l'être mortel de ne songer qu'à des choses
mortelles. Il faut que l'homme s'immortalise autant
que possible, qu'il fasse tout pour vivre selon le principe le plus noble de tous ceux qui sont en lui. Si ce
principe est peu de chose par la place qu'il occupe, il
n'en est pas moins de beaucoup supérieur à tous les
autres par la puissance et la dignité. C'est lui, semble-
t-il, qui constitue l'essence de chacun de nous, puisqu'il en est la partie maîtresse, la partie la meilleure,
et ce serait une absurdité à l'homme de ne pas adopter
sa propre vie, et d'aller adopter en quelque sorte celle
d'un autre... Ce qui est propre à un être et conforme à
sa nature, est, en outre, ce qui pour lui est le meilleur
et le plus agréable. Or, pour l'homme, ce qui lui est le
plus propre, c'est la vie de l'intelligence, puisque c'est
surtout l'intelligence qui est l'homme, la vie de l'intelligence est donc la plus heureuse [1]. »

Ces considérations élevées sont comme le couronne-
ment de la Morale d'Aristote. Elles rattachent l'éthique
à la théodicée, car cette vie contemplative, trop heureuse et trop parfaite pour la condition mortelle, c'est
la vie même de Dieu, de la Pensée qui se pense éternel-
lement elle-même. Elles donnent un caractère religieux,
mystique, presque quiétiste, à une doctrine qui pourtant exalte et glorifie l'activité dans toutes ses manifestations légitimes. Nous ne nions pas que la contemplation ne soit, elle aussi, une forme, et très haute de l'ac-

---

1. Eth. Nic., X, vii. Nous reproduisons la traduction de **M. Barthélemy-Saint-Hilaire**, légèrement modifiée.

tivité ; mais il nous semble qu'il n'est pas sans danger
de mettre l'impassibilité du méditatif si fort au-dessus
de la vertu militante et souffrante. Ce penseur soli-
taire qui, semblable au Moteur immobile du XII° livre de la Métaphysique, ignore le monde et ne connaît que soi, n'est peut-être, comme ce Dieu même,
qu'un sublime égoïste. Sa vie est belle, tant qu'on
voudra ; est-elle vertueuse, est-elle méritoire? Poser
ces questions, c'est signaler une fois de plus le vice
fondamental d'un eudémonisme qui méconnaît le caractère absolument impératif de la loi du devoir et
repose tout entier sur une conception plutôt esthétique que vraiment morale de la nature humaine.

DE LA MORALE A NICOMAQUE [1]

LIVRE PREMIER

Du bien et du bonheur.

I. INTRODUCTION. — Y a-t-il une perfection propre à l'homme, et comment peut-elle être atteinte? — Examen des opinions généralement acceptées relativement à la perfection humaine. — Ce qu'il faut entendre par cette perfection. — Caractère vague et contradictoire de l'idée que s'en fait le vulgaire : critique de la théorie platonicienne de l'idée du bien. — Définition et explication de ce qu'on doit entendre par la perfection humaine. — Conception générale du bonheur. — Il n'est pas une fin relative, mais une fin absolue et parfaite. — Une définition rigoureuse du bonheur doit se fonder sur l'idée d'une cause finale de l'homme : il est l'activité de l'âme dirigée selon la loi de la vertu. — Comparaison de cette définition de la perfection humaine avec les principales théories émises sur le même sujet. — Solution de quelques difficultés. — Le bonheur est-il au pouvoir de l'homme? — Peut-on dire d'un homme qu'il est heureux tant qu'il reste exposé, lui et les siens, aux coups de la fortune? — Est-il possible à l'homme d'être heureux ou malheureux après sa mort, et dans quelle mesure la destinée de ceux qu'il a aimés sur la terre influe-t-elle sur son bonheur ou son malheur? — Nécessité de l'é-

---

1. Nous reproduisons ici, non pas l'analyse, chapitre par chapitre, des matières contenues dans l'œuvre d'Aristote, mais l'indication méthodique des principales questions. Nous empruntons en grande partie ce résumé à l'excellente traduction de la *Morale à Nicomaque* par M. HATCH, Londres, 1879, in-8°.

tude de la vertu, condition essentielle du bonheur. — Division
des vertus en deux classes, vertus morales et vertus intellectuelles, fondée sur l'analyse de l'âme humaine.

LIVRE II

Théorie de la vertu.

Caractères généraux de la vertu. — Elle est un état per-
manent de notre nature morale, produit par nos propres
actions. — Différence entre les vertus morales et les vertus
intellectuelles ; la vertu morale n'est pas un don de la nature,
mais une création de l'habitude. — Conditions de l'habitude
vertueuse. — Définition de la vertu. — Qu'elle est généralement un milieu entre deux vices. — Exceptions. — Démon-
stration de la théorie du *milieu* par l'énumération des principales vertus, soit personnelles, soit sociales. — Moyens
pratiques pour déterminer et atteindre le milieu dans lequel
consiste la vertu.

LIVRE III

Des conditions de l'acte moral. — Analyse
des différentes vertus.

Responsabilité morale. — Définition du volontaire et de
l'involontaire. — Deux espèces de choses involontaires, par
force et par ignorance. — De la préférence morale ou déter-
mination volontaire [1]. — Elle se distingue du désir et de la
passion. — Elle suppose la délibération et le désir du bien.

---

1. Προαίρεσις; M. Barthélemy-Saint-Hilaire, traduit *préférence
morale* ou *intention*; M. Hatch, *will.* Il est difficile de rendre
exactement tout le sens du mot grec.

— Le vice et la vertu sont également en notre pouvoir. — Réfutation de la théorie selon laquelle le vice est involontaire. — Vertus particulières. — Courage : milieu entre la crainte et la témérité. — Diverses manifestations du courage. — Définition du vrai courage. — Formes imparfaites de cette vertu. — Quelques caractères du vrai courage; il est toujours fort pénible. — Il se mesure à l'étendue du sacrifice qu'il exige. — Tempérance. — Elle ne s'applique qu'aux plaisirs du corps et à quelques-uns seulement, ceux du toucher et du goût. — Diverses manifestations de la tempérance. — Portrait de l'homme vraiment tempérant. — Comparaison de l'intempérance et de la lâcheté.

LIVRE IV

Suite de l'analyse des différentes vertus.

Libéralité : définition. — Elle est un milieu entre la prodigalité et l'avarice. — Magnificence : définition. — En quoi elle diffère de la libéralité. — Deux caractères de la magnificence; dépenses où elle s'exerce plus spécialement. — Excès et défaut de cette vertu : ostentation, mesquinerie. — Magnanimité : définition. — Les deux vices opposés, petitesse d'âme, vanité. — Amour de l'honneur, milieu entre une ambition excessive et une entière indifférence pour la gloire. — Douceur, milieu entre l'irascibilité et l'indifférence. — Politesse, milieu entre la servilité et l'humeur querelleuse et insociable. — Sincérité, milieu entre la jactance qui suppose des qualités que l'on n'a pas, et la défiance excessive de soi-même qui déprécie celles que l'on a. — Caractère du véridique. — Esprit de plaisanterie; milieu entre la bouffonnerie et l'humeur farouche, ennemie de tout délassement. — Pudeur ou honte. — Elle est plutôt une affection corporelle qu'une vertu.

LIVRE V

Suite de l'analyse des différentes vertus. —
Théorie de la justice.

Définition de la justice et de l'injustice. — Caractères de la justice civile. — Elle se divise en justice distributive et en justice corrective ou réparatrice. — Justice distributive ou politique. — Elle consiste dans la répartition des avantages sociaux, honneurs, richesses, etc., proportionnellement au mérite de chacun. — Elle se confond avec l'égalité, et suppose deux quantités et deux personnes à qui ces quantités sont attribuées. — Elle prend la forme d'une proportion géométrique. — Justice corrective ou réparatrice. — Elle ne fait aucune acception de personnes, et se borne à rétablir l'égalité entre la perte faite par l'un et le gain fait par l'autre. — Elle est une sorte de proportion arithmétique. — Critique de la théorie du talion. — Justice sociale et politique. — Droit du père, du maître, du mari. — Distinction entre la justice naturelle et la justice légale. — La justice et l'injustice supposent nécessairement l'intention. — L'équité redresse et complète la loi. — Elle est en certains cas supérieure à la justice. — Examen de quelques questions relatives à la justice : peut-on être injuste envers soi-même? vaut-il mieux subir l'injustice que la commettre?

LIVRE VI

Théorie des vertus intellectuelles.

La théorie des vertus intellectuelles demande une étude exacte de l'âme. — Deux parties distinctes dans la raison : l'une relative à la science et aux principes éternels et immuables, l'autre qui délibère sur les choses contingentes. —

Cinq moyens d'arriver à la vérité : la science, l'art, la prudence [1], la sagesse, l'intelligence. — Définition de la science : son objet, le nécessaire, l'immuable, l'éternel. — Définition de l'art. — Il ne s'applique qu'aux choses contingentes. — Il est dirigé par la raison vraie. — De la prudence : sa définition. — Elle ne s'applique qu'aux choses contingentes et sert à nous diriger dans la vie. — L'intelligence, faculté de connaître intuitivement les principes. — De la sagesse; elle est le plus haut degré de la science. — En quoi elle diffère de la prudence. — Analyse spéciale de la prudence. — Ses rapports avec la science politique. — Rapports de l'intérêt particulier et de l'intérêt public. — La prudence suppose la délibération. — Toutes les vertus intellectuelles s'appliquent à l'action. — Elles sont en général des dons de la nature et ne peuvent s'acquérir. — Leur utilité. — Comment et dans quelle mesure la prudence et la sagesse contribuent au bonheur de l'homme. — Des vertus naturelles. — Elles ne deviennent des vertus que quand elles sont éclairées par la prudence ou raison et affermies par une habitude volontaire. — La prudence n'est pas toute la vertu, mais il n'y a pas de vertu sans raison. — La prudence est inférieure à la sagesse, et n'est qu'un moyen par rapport à elle.

LIVRE VII

De l'Intempérance [2]. — Du plaisir.

On n'est pas intempérant sans savoir qu'on l'est. — Réfutation de la théorie de Socrate, pour qui le vice n'est que le

---

1. Il faut prendre ce mot dans le sens du grec φρόνησις et du latin *prudentia.*

2. Ἐγκράτεια, ἀκρασία. Ces mots ont un sens un peu plus étendu que celui des mots français, *tempérance, intempérance.* C'est la vertu qui consiste à être maître de soi, ou le vice contraire. M. Hatch traduit : *strenghth or weakness of character,* ce qui rend mieux la vraie pensée d'Aristote.

résultat de l'ignorance. — Pourtant, à un certain point de vue, l'intempérance est le résultat d'une erreur. — L'intempérance et la tempérance se rapportent surtout aux jouissances corporelles. — Distinction entre les désirs légitimes et ceux qui ne le sont pas. — De l'intempérance dans la colère ; moins coupable que celle qui est relative aux désirs. — Celle-ci rend l'homme inférieur à la brute. — L'homme tempérant n'obéit qu'à la droite raison. — La tempérance est un milieu entre l'insensibilité à l'égard des plaisirs permis, et la débauche. — Du plaisir. — Est-il un bien? Est-il le bien suprême? Espèces et causes du plaisir. — Rapports du plaisir et du bonheur. — Dangers d'une prospérité excessive. — L'activité qu'implique le développement complet de toutes nos facultés, et qui constitue le bonheur, est elle-même un plaisir. — Des plaisirs du corps. — Dans quelle mesure ils sont des biens. — Les plaisirs de l'esprit leur sont néanmoins préférables.

LIVRE VIII

Théorie de l'amitié

Conception générale de l'amitié. — Elle est une vertu, ou du moins suppose la vertu. — Elle a ses racines dans la nature humaine ; elle est le lien le plus fort de la société civile. — Outre qu'elle est nécessaire, l'amitié est belle et honorable. — Opinions diverses relativement à l'amitié.

Des diverses sortes d'amitié. Elles se déterminent par la diversité même des objets, qui se ramènent à trois : le bien, l'agréable, l'utile. — D'où trois sortes d'amitié : l'amitié d'intérêt, l'amitié de plaisir, l'amitié de vertu.

Comparaison des trois sortes d'amitié. — Les deux premières sont fragiles, car le plaisir et l'intérêt peuvent changer rapidement. La seule forme parfaite de l'amitié est celle qui unit entre eux les gens de bien. — Elle est désintéressée ; elle présente les avantages des deux autres formes, car les hommes de bien sont en même temps agréables et utiles les uns aux

autres. Elle est durable, car elle a sa racine dans la vertu,
dont le charme ne périt pas. — Les amitiés par plaisir peuvent subsister assez longtemps; les plus fragiles, les plus
éloignées de la véritable affection, sont celles qui ne sont
fondées que sur l'intérêt. — Les amitiés par plaisir et par intérêt ne méritent pas, à proprement parler, le nom d'amitié,
ou elles ne le méritent que parce que, sous certains rapports,
elles ressemblent à la vraie.

Limites de l'amitié. — Principales causes qui altèrent, dé-
truisent ou rendent impossible l'amitié : une séparation
prolongée; un caractère morose, la vieillesse; l'absence de
vie commune, le trop grand nombre de liaisons; la trop
grande inégalité des richesses. — Certaines amitiés tiennent
cependant à la supériorité même de l'une des deux personnes :
amitié du père pour le fils, du mari pour la femme, du chef
pour le subordonné. — Principes applicables aux différents cas
qui peuvent alors se présenter. — Mais l'amitié exige toujours
une certaine égalité entre les deux amis; ainsi l'homme ne
peut prétendre à être l'ami de Dieu, ni les gens de condition
modeste à être les amis des rois.

Quels sont les motifs qui font naître l'amitié? — Le désir
qu'ont en général les hommes de recevoir plus d'affection
qu'ils n'en donnent, est un effet de l'égoïsme. Dans ses formes
supérieures, l'amitié consiste plutôt à aimer qu'à être aimé.
— Les amitiés naissent le plus souvent de la similitude de
goûts et de caractères. — Quand la ressemblance de caractère fait défaut, l'amitié a ordinairement pour motif l'intérêt.

Rapports de la justice et de l'amitié. — La justice et
l'amitié ont beaucoup de points communs. Toute association, quelle qu'elle soit, suppose à la fois les liens de la
justice et ceux de l'amitié. — Toute association n'est qu'une
portion de la grande association politique. Trois formes
principales de celle-ci : monarchie, aristocratie, timocratie.
A chacune correspond une corruption ou déviation : tyrannie, obligarchie, démocratie (démagogie). — Des trois
formes régulières, la monarchie est la meilleure, la timocratie, la moins bonne. — Analogie entre les différentes
formes du gouvernement et les relations domestiques. L'association du père avec ses fils ressemble à la royauté; celle

du mari et de la femme est aristocratique : celle des frères
entre eux, timocratique. — Dans chacun de ces gouvernements
l'amitié règne dans la même mesure que la justice; dans les
formes dégénérées, l'affection décroît comme la justice; dans
la tyrannie, de même que dans l'association du maître et de
l'esclave, l'une et l'autre existent au plus faible degré. —
Parmi les formes corrompues, c'est dans les démocraties qu'il
y a le plus de justice et d'amitié.

Affections de famille. — Les affections de famille forment
une classe à part, et reposent moins exclusivement que les
autres sur une association d'intérêts. — Pourquoi les parents
aiment leurs enfants, et ceux-ci leurs parents. — Pourquoi
les frères s'aiment entre eux. — Fondement naturel de
l'affection conjugale. — La famille antérieure à l'État et
encore plus nécessaire que lui. — But de l'association do-
mestique; ce n'est pas seulement la procréation des enfants,
mais encore la satisfaction de tous les autres besoins de la vie.
Cette sorte d'amitié renferme ainsi l'utile et l'agréable; elle
peut même être celle de la vertu.

Des droits et des devoirs des amis. — En général, quand
les amis sont égaux, ils doivent se payer mutuellement de
retour par une égalité dans l'affection comme dans tout le
reste; quand ils sont inégaux, l'inférieur doit à l'autre une
affection et des services proportionnels à la supériorité de
celui-ci. — Les plaintes et les récriminations ne se produisent guère que dans l'amitié par intérêt. — Deux sortes
d'amitiés par intérêt : celles qui se fondent sur des conven-
tions expresses; elles répondent à la justice légale et supposent un service rendu pour un prix déterminé : celles qui
ne se fondent pas sur des stipulations précises; elles corres-
pondent à la justice non écrite. Elles admettent certaines
considérations morales. Les règles à suivre sont : s'acquitter
entièrement, s'il est possible; examiner au début de qui l'on
reçoit un service et à quelles conditions, pour savoir si l'on
veut ou non les subir. L'obligé doit en outre rendre, quand il
le peut, au delà même de ce qu'il a reçu. — Dans les amitiés
où l'un des amis est supérieur à l'autre, le supérieur a droit
à plus d'honneur, l'inférieur à plus d'aide et par suite de profit.
— Dans l'administration des affaires publiques, l'honneur est

le prix des services gratuitement rendus. — Il est des cas, enfin, où l'on ne peut jamais s'acquitter; par exemple, l'homme envers les dieux, l'enfant envers ses parents. Si à la rigueur le père peut répudier son fils, le fils ne saurait répudier son père; un fils corrompu pourra seul refuser assistance à son père ou ne la lui prêter qu'avec répugnance. — En général on désire recevoir du bien; mais en faire à autrui, on l'évite comme chose peu profitable.

LIVRE IX

Suite de la théorie de l'amitié.

Suite des droits et des devoirs des amis les uns envers les autres. — Disputes qui surviennent entre amis inégaux. — Principes généraux qui doivent déterminer le taux de rémunération d'un service rendu. — De la dissolution des amitiés. — Cas où elle est justifiée. — Des dispositions morales qui s'allient avec l'amitié. — Amitié pour soi-même, cause de l'amitié qu'on a pour les autres. — L'homme de bien est pour soi-même un véritable ami. — Le méchant est le pire ennemi de soi-même. — De la bienveillance. — En quoi elle diffère de l'amitié. — De la concorde. — En quoi elle consiste. — Son rôle dans les États. — Ses rapports avec la vertu. — Relations du bienfaiteur et de l'obligé. — Pourquoi le premier aime-t-il en général plus que le second? — Rapports de l'amour de soi avec l'affection qu'on a pour ses amis. — Il y a un amour de soi qui consiste à être plus vertueux que tout le monde, et qui est compatible avec le dévouement à ses amis et au bien public. — Rapports de l'amitié et du bonheur. — L'homme heureux a besoin d'amis. — Du nombre des amis; qu'il doit être limité. — Utilité des amis dans la bonne et la mauvaise fortune. — Conduite qu'il convient de tenir envers eux. — Du commerce de l'intimité. — Occupations communes qui accroissent l'amitié. — Les méchants se corrompent mutuellement, les bons deviennent meilleurs par la continuité d'une vie commune.

ANALYSE DU LIVRE X

Du plaisir et du bonheur.

Du plaisir. — La question du plaisir doit être traitée après celles qui font l'objet des livres précédents, d'abord parce qu'elle est étroitement liée à la morale, ensuite, parce que tout le monde n'est pas d'accord sur la nature du plaisir.

Les uns soutiennent qu'il est un bien, d'autres qu'il est un mal. Parmi ces derniers, il en est qui, sans être convaincus de ce qu'ils disent, pensent que pour combattre le penchant qui entraîne les hommes vers la volupté, il est nécessaire de les pousser vers l'extrême opposé. Ils ont tort, parce que les hommes s'aperçoivent vite d'un désaccord entre les paroles et la conduite de tels maîtres, et dès lors recherchent tous les plaisirs, sans se demander s'ils sont légitimes ou non. Les actes doivent toujours être en harmonie avec les maximes. (Ch. I.)

Examen de la théorie d'Eudoxe, que le plaisir est le souverain bien. — Arguments invoqués par Eudoxe :

1. Tous les êtres recherchent le plaisir;

2. La douleur est en soi (καθ' αὐτό) un objet d'aversion; donc son contraire, le plaisir, doit être en soi un objet de désir.

3. Le plaisir est toujours désiré comme une fin en soi, et non comme un moyen pour atteindre une autre fin.

4. Le plaisir ajouté à un autre bien rend celui-ci plus désirable; or le bien ne peut s'augmenter ainsi que par le bien lui-même.

Discussion de ces arguments. A l'égard du quatrième, Platon répond avec raison que le souverain bien ne saurait s'ajouter à un autre bien qui le rende plus désirable. Si, par exemple, le mélange de la sagesse et du plaisir est meilleur que le plaisir, c'est qu'évidemment le plaisir tout seul n'est pas le plus grand des biens.

Au premier argument, on objecte[1] que ce que tous les êtres

1. Sans doute Speusippe, d'après le *Philèbe* de Platon.

désirent n'est pas nécessairement un bien. — Cette objection
serait peut-être valable, si les êtres irraisonnables étaient les
seuls à désirer le plaisir; mais comme les êtres raisonnables
le désirent également, il faut bien prendre pour vrai ce que
tout le monde pense, et admettre que le plaisir est un bien.

Le second argument d'Eudoxe n'est pas mieux réfuté par
cette assertion que le contraire du plaisir ce n'est pas la douleur, mais l'absence de plaisir. Car si le plaisir et la douleur
étaient également des maux, également opposés à un état
intermédiaire, il s'ensuivrait qu'on devrait également les
fuir tous les deux, ou du moins les éviter ou les poursuivre
au même titre. Or, en fait, on évite l'une comme un mal, et
on recherche l'autre comme un bien. (Ch. ii.)

*Discussion de quelques autres arguments invoqués par les
Platoniciens[1] pour établir que le plaisir n'est pas un bien.*

1. On dit que le plaisir n'est pas une qualité. — Mais cet
argument serait également valable contre les actes de la
vertu, et contre le bonheur, qui pourtant sont des biens.

2. On ajoute que le plaisir est indéterminé (ἀόριστον), tandis
que le bien est déterminé (ὡρίσθαι). — Mais d'abord la vertu
aussi est indéterminée, car on peut être plus ou moins juste,
plus ou moins courageux; ensuite, on oublie que parmi les
plaisirs, ceux-là seuls sont indéterminés qui sont mélangés.
Et même ceux-ci admettent la proportion (συμμετρία), tout en
étant susceptibles de plus et de moins, comme la santé, qui
pourtant est chose déterminée (ὡρισμένη).

3. On prétend encore que le plaisir, au lieu d'être parfait
(τέλειον), comme le bien, est une chose imparfaite (ἀτελῆ) comme
le *mouvement* et la *génération.* — Mais le plaisir n'est pas un
mouvement (κίνησις) parce qu'il ne comporte ni vitesse ni len-
teur. La transition d'un état différent à celui du plaisir peut
être plus ou moins rapide, mais non l'acte du plaisir pris en
lui-même, la jouissance actuelle.

Le plaisir n'est pas non plus une génération ou une produc-
tion (γένεσις); car toute génération se résout dans les éléments
d'où elle vient; or ce qui détruit le plaisir, c'est la douleur.

Il n'est pas davantage la satisfaction d'un besoin en confor-

[1]. Probablement Speusippe.

mité avec la nature (τοῦ κατὰ φύσιν ἀναπλήρωσις). Car il serait alors quelque chose du corps. Or le plaisir appartient à l'âme. Même dans le cas des plaisirs corporels, à qui seuls pourrait convenir une telle définition, le plaisir accompagne la satisfaction (ἀναπλήρωσις) des besoins du corps. mais sans se confondre avec elle. Certains plaisirs, comme ceux de la science, de l'ouïe, de la vue, ne sont précédés d'aucune douleur et ne sauraient, par suite, être les satisfactions d'un besoin.

4. On dit enfin qu'il y a des plaisirs honteux, preuve que le plaisir n'est pas un bien. Mais des plaisirs honteux ne sont pas vraiment des plaisirs. Les plaisirs diffèrent en nature, et ceux-là seuls sont dignes d'être recherchés qui viennent d'actes honorables. Personne ne voudrait payer le plaisir au prix des actions les plus basses. Il y a même des choses comme la science, les vertus, que nous rechercherions lors même que nous n'en attendrions aucun plaisir.

Conclusion de tout ce qui précède : le plaisir n'est pas le souverain bien ; tout plaisir n'est pas désirable ; il y a certains plaisirs désirables en soi, qui diffèrent des autres par leur nature ou par les objets qui en sont la source. (Ch. III.)

Exposé de la doctrine d'Aristote sur le plaisir.

1. Le plaisir est, comme la vue, un tout indivisible (ὅλον τί) il ne se produit pas par degrés; il ne devient pas, par la durée, plus complet qu'il n'était d'abord. De là une nouvelle preuve qu'il n'est pas un mouvement, car tous les mouvements sont incomplets dans les différentes parties du temps; par exemple, le mouvement que suppose la construction d'un temple, se décompose en plusieurs autres, qui répondent chacun à une opération différente.

Le plaisir au contraire est quelque chose de parfait, d'achevé (τέλειον) dans un moment quelconque du temps. Le plaisir est indépendant de la durée; il n'y a pas plus mouvement ou génération du plaisir que de la vision, du point mathématique ou de l'unité.

2. Pour chacun des sens, l'acte le plus complet est celui du sens bien disposé, relativement à la plus excellente des choses qui en sont l'objet propre. L'acte le plus complet est aussi le plus agréable. Ainsi le plaisir achève l'acte et le complète, non comme une qualité déjà existante, mais comme

une fin qui s'y ajoute, comme la fleur se joint à la jeunesse.

3. S'il en est ainsi, dira-t-on, le plaisir devrait durer toujours. — Mais nos facultés ne peuvent toujours agir; quand vient la fatigue, le plaisir diminue.

4. Si tous les hommes aiment le plaisir, c'est que tous aiment la vie, sans qu'il soit facile de déterminer si l'on aime la vie pour le plaisir, ou le plaisir pour la vie (Ch. IV).

Des différentes sortes de plaisir.

Les plaisirs diffèrent les uns des autres en espèce :

1° Parce que les actes diffèrent les uns des autres en espèce, et des actes spécifiquement différents ne peuvent être complétés que par des plaisirs qui soient aussi spécifiquement différents. Ainsi les actes de la pensée diffèrent des actes des sens; les plaisirs qui les complètent devront également différer. La preuve, c'est que l'on fait d'autant mieux une chose qu'on a plus de plaisir à la faire.

2° Parce que, tandis que le plaisir propre à un acte spécial rend plus parfait l'exercice de la faculté à laquelle cet acte se rapporte, les plaisirs qui viennent d'une autre source sont un obstacle à cette action. Les plaisirs étrangers font à peu près le même effet que les peines qui sont spéciales aux actes.

3° Parce que les facultés et leurs actes diffèrent au point de vue de la valeur morale. Les plaisirs, si intimement unis aux actes qu'ils leur sont presque identiques, devront donc différer de la même manière. Le plaisir propre à un acte vertueux sera un plaisir honnête, le plaisir propre à un acte honteux sera un plaisir coupable.

Il y a même pour chaque animal un plaisir qui lui est propre, et qui se rapporte à l'acte spécial de l'animal. Le plaisir du cheval n'est pas celui du chien ou de l'homme.

Parmi les hommes, les différences d'un individu à l'autre sont considérables. Ce qui charme celui-ci est odieux à celui-là. C'est l'homme sain et bien constitué qui est la mesure en ce qui concerne les vraies qualités sensibles des choses ; de même les vrais plaisirs sont ceux qu'approuve et recherche l'homme vertueux, en tant que tel. Quant aux plaisirs que recherchent les êtres pervers ou dégradés, ce ne sont pas vraiment des plaisirs.

Le plaisir propre à l'homme sera celui qui complète l'acte véritablement propre à l'homme (Ch. v.)

Du bonheur. — Il n'est pas une simple manière d'être, (ἕξις) mais un acte (ἐνέργεια). Il doit être rangé parmi les actes qu'on choisit et qu'on recherche pour eux-mêmes, car le bonheur n'a besoin de rien et se suffit à lui-même. — Tels sont les actes conformes à la vertu.

Les amusements sont, il est vrai, recherchés pour eux-mêmes; mais ils doivent être exclus de la définition du bonheur, parce que souvent ils sont plus nuisibles qu'utiles; parce que les tyrans, les enfants, qui les recherchent exclusivement, sont incapables de discerner les vrais plaisirs (l'homme vertueux seul est bon juge en ces matières); parce que l'amusement est en réalité moins un but qu'un moyen, et ne saurait être la fin suprême des efforts de toute la vie. L'amusement est un repos, et l'on se repose pour être en état de mieux agir.

La vie heureuse est la vie conforme à la vertu; elle est l'acte de la partie la meilleure de nous-mêmes, et par là se distingue encore de l'amusement.

L'esclave, comme l'homme le plus vertueux, peut jouir des plaisirs corporels, mais non du bonheur, qui consiste essentiellement dans les actes conformes à la vertu. (Ch. vi.)

Du bonheur (suite). — Il consiste principalement dans la philosophie. — Le bonheur étant l'acte conforme à la vertu la plus haute, c'est-à-dire à la vertu de la partie la meilleure et la plus divine de notre être, le bonheur parfait consiste dans la contemplation philosophique.

Les preuves en sont : 1. Que l'intelligence (νοῦς), ou faculté contemplative (θεωρητική), est la chose la plus précieuse qui soit en nous;

2. Que l'acte de cette faculté est celui qui admet le plus de continuité;

3. Que le plaisir qu'il procure est de tous les actes conformes à la vertu celui qui nous charme le plus;

4. Que de toutes les vertus, la vertu contemplative est celle qui a le moins besoin pour s'exercer des conditions et des biens extérieurs; la justice, en effet, n'est possible qu'à l'égard d'autres hommes; le sage ou le philosophe, tout en restant

seul avec lui-même, peut continuer de se livrer à la contemplation ;

5. Que la vie philosophique ou contemplative est la seule qui soit aimée pour elle-même ;

6. Enfin qu'elle est comme un repos, tandis que les autres occupations, celles de la politique ou de la guerre, par exemple, ne sont pas sans agitation, et ne sont pas un but par elles-mêmes. Or le repos est la fin de l'action.

Le bonheur que donne la philosophie suppose une vie suffisamment longue ; car le bonheur exclut tout ce qui est imparfait et inachevé. ·

Cette vie parfaite est peut-être au-dessus de la condition humaine, mais l'homme ne doit pas borner sa pensée aux choses mortelles ; il doit autant que possible vivre selon le principe divin qui est en lui, et qui constitue vraiment son individualité. C'est là la vie qui lui est propre, et par suite, la vie la plus heureuse qu'il puisse mener. (Ch. VII.)

Du bonheur (suite). — Le second degré du bonheur, ou l'exercice des vertus morales. — Le second degré du bonheur, c'est l'exercice de la vertu autre que la sagesse, ou des vertus morales. Ces vertus, en effet, ont un caractère purement humain, parfois même elle dépendent de certaines qualités physiques et sont relatives aux passions, c'est-à-dire à la double nature, corporelle et intellectuelle, de l'homme. Le bonheur qu'elles procurent est donc simplement humain.

De plus, elles sont plus étroitement liées que la sagesse aux circonstances extérieures. La libéralité, la· générosité, par exemple, ne sauraient s'exercer sans la richesse ; la tempérance même suppose une certaine aisance qui donne la possibilité de n'être pas tempérant.

Enfin le bonheur que procurent ces vertus morales ne peut être raisonnablement attribué aux dieux, dont la vie cependant doit être aussi heureuse que possible. Comment les dieux seraient-ils justes, courageux, tempérants ? Le seul acte qui leur convienne, et le seul qui constitue leur souverain bonheur, est donc l'acte de la contemplation. Il est aussi pour l'homme la condition suprême de la vie heureuse. (Ch. VIII.)

Des conditions du bonheur. — Le bonheur dans la condition

humaine, suppose néanmoins un certain bien-être extérieur;
il y faut la santé, une nourriture suffisante, les soins corporels nécessaires. Mais ces exigences de la nature sont très
limitées. Dans le rang le plus modeste, avec la fortune la plus
médiocre, l'homme peut être plus vertueux, par suite plus
heureux que le maître de la terre et de la mer. Telle était
l'opinion de Solon et aussi d'Anaxagore. Elle confirme nos
théories; mais celles-ci se vérifient surtout par leur accord
avec les faits et la vie pratique.

L'homme qui agit par son intelligence et la cultive avec
soin est à la fois le mieux disposé et le plus cher aux dieux;
car si les dieux prennent souci des choses humaines, ils
doivent veiller principalement sur celui qui leur ressemble le
plus. C'est donc le sage qui doit avoir la plus grande part à
leurs bienfaits. (Ch. ix.)

*Impuissance de la théorie pour la pratique. — Influence de
la nature, de l'enseignement, de la législation.* — La tâche que
nous nous étions proposée n'est pas encore complète; car
dans les choses de pratique, la théorie importe moins que
l'application. Les préceptes n'ont que peu d'influence, au
moins sur la multitude, qui ne s'abstient guère du mal et ne
s'attache à la vertu que par la crainte des châtiments.

Les hommes deviennent vertueux, les uns par nature, les
autres par habitude, les autres enfin par le raisonnement et
l'enseignement. — La nature ne s'acquiert pas; elle est
comme un don des dieux. Le raisonnement et l'enseignement
sont d'ordinaire sans force contre les passions; l'habitude ne
se formera qu'à la longue, et par une discipline que la loi
seule peut imposer.

Cette législation, qui use à la fois de persuasion et de con-
trainte, peut être privée ou publique. Privée (celle du père
de famille par exemple), elle n'a pas toute l'autorité nécessaire. La législation publique, seule, peut ordonner ce qui est
juste et honnête, avec une force qui ressemble à celle de la
nécessité, et sans se rendre odieuse.

C'est, par suite, à elle de diriger l'éducation des enfants, et
de régler la vie des citoyens. L'éducation privée a sans doute
certains avantages; mais c'est à la condition qu'elle s'inspi-
rera des principes exprimés par les lois de l'État.

Ces principes d'une bonne législation, où les apprendre?
Sera-ce auprès des hommes politiques? Mais ce sont les sophistes qui se vantent de pouvoir les enseigner. D'une part,
les hommes politiques semblent se contenter de l'expérience,
et négliger la théorie ; d'autre part les sophistes sont étrangers
à la pratique, chose si nécessaire en ces matières. De plus,
malgré leurs prétentions, ils ne savent ni ce qu'est cette
science dont ils font tant de bruit, ni quel est l'objet dont elle
s'occupe. Ils la confondent avec la rhétorique. Ils font des
recueils de lois, en recommandant de choisir les meilleures,
comme si le choix ne supposait pas déjà la connaissance des
principes! Les livres, en général, qui renferment les résultats
de l'expérience, ne peuvent servir qu'à ceux qui possèdent
déjà la science.

De là la nécessité d'étudier la science de la législation, et
la politique dont elle est une partie, pour compléter la philosophie des choses humaines. Nous examinerons les spécula-
tions de nos devanciers, les diverses constitutions que nous
avons recueillies; nous rechercherons les causes qui font que
les États sont bien ou mal gouvernés; nous déterminerons
ainsi quel est l'État le plus parfait et quelles sont, pour chaque
forme de gouvernement, les lois et les mœurs qui conviennent
le mieux. — Commencement de la politique. (Ch. x.)

MORALE A NICOMAQUE

LIVRE X [1]

DU PLAISIR ET DU BONHEUR

CHAPITRE PREMIER

Du plaisir.

Περὶ μὲν οὖν φιλίας ἐπὶ τοσοῦτον εἰρήσθω· μετὰ δὲ
ταῦτα περὶ ἡδονῆς ἴσως ἕπεται διελθεῖν [2]. Μάλιστα γὰρ
δοκεῖ συνῳκειῶσθαι τῷ γένει ἡμῶν [3], διὸ παιδεύουσι τοὺς
νέους οἰακίζοντες ἡδονῇ καὶ λύπῃ [4]· δοκεῖ δὲ καὶ πρὸς τὴν

1. Nous avons en général suivi, pour le texte grec, l'édition de
la *Morale à Nicomaque* de J. Susemihl (Leipsig, Teubner, 1880).
2. Aristote a déjà parlé du plaisir (livre III, ch. ι, et livre VII,
ch. xι). — M. Grant pense, avec raison selon nous, que le X⁰ livre
a dû être écrit avant que certaines autres parties de l'ouvrage,
peut-être les livres V, VI et VII tout entiers, n'eussent été rédigés.
La discussion sur le plaisir, qui se trouve au livre VII, pourrait
donc bien être une interpolation.
3. « Être le mieux approprié à notre espèce. » — Platon dit de
même : « Les premiers sentiments des enfants sont ceux du plaisir
et de la douleur, et chez eux, la vertu et le vice ne sont d'abord
que cela. » (*Lois*, II, t. VII, p. 72, tr. Cousin.)
4. Cette allusion à Platon se trouve déjà au livre II, ch. ιι.

τοῦ ἤθους ἀρετὴν [1] μέγιστον εἶναι τὸ χαίρειν οἷς δεῖ καὶ μισεῖν ἃ δεῖ. Διατείνει γὰρ ταῦτα διὰ παντὸς τοῦ βίου, ῥοπὴν
ἔχοντα καὶ δύναμιν πρὸς ἀρετήν τε καὶ τὸν εὐδαίμονα βίον.
Τὰ μὲν γὰρ ἡδέα προαιροῦνται, τὰ δὲ λυπηρὰ φεύγουσιν.

Ὑπὲρ δὲ τῶν τοιούτων ἥκιστ᾽ ἂν δόξειεν παρετέον εἶναι
ἄλλως τε καὶ πολλὴν ἐχόντων ἀμφισβήτησιν. Οἱ μὲν γὰρ
τἀγαθὸν ἡδονὴν λέγουσιν, οἱ δ᾽ ἐξ ἐναντίας κομιδῇ φαῦλον, οἱ μὲν [2] ἴσως πεπεισμένοι οὕτω καὶ ἔχειν, οἱ δὲ οἰό-
μενοι βέλτιον εἶναι πρὸς τὸν βίον ἡμῶν ἀποφαίνειν τὴν
ἡδονὴν τῶν φαύλων, καὶ εἰ μὴ ἐστίν· ῥέπειν γὰρ τοὺς
πολλοὺς πρὸς αὐτὴν καὶ δουλεύειν ταῖς ἡδοναῖς, διὸ δεῖν
εἰς τοὐναντίον ἄγειν· ἐλθεῖν γὰρ ἂν οὕτως ἐπὶ τὸ μέσον [3].

Μή ποτε δὲ οὐ καλῶς τοῦτο λέγεται. Οἱ γὰρ περὶ τῶν ἐν
τοῖς πάθεσι καὶ ταῖς πράξεσι λόγοι ἧττόν εἰσι πιστοὶ τῶν
ἔργων· ὅταν οὖν διαφωνῶσιν τοῖς κατὰ τὴν αἴσθησιν, κατα-
φρονούμενοι καὶ τἀληθὲς προσαναιροῦσιν· ὁ γὰρ ψέγων τὴν
ἡδονήν, ὀφθείς ποτε ἐφιέμενος, ἀποκλίνειν δοκεῖ πρὸς αὐτὴν
ὡς τοιαύτην οὖσαν ἅπασαν· τὸ διορίζειν γὰρ οὐκ ἔστι τῶν

---

1. Quelques manuscrits donnent ἀρχὴν et l'on expliquerait alors :
« pour le principe du caractère » ; la vertu étant considérée comme
une conséquence, dont le plaisir serait une prémisse. — Cette interprétation nous paraît bien forcée.

2. « Parmi ceux qui font du plaisir une chose méprisable, les
uns sont persuadés peut-être qu'il en est ainsi, les autres pensent...
etc. » — Aristote fait allusion, dans ce passage, à deux sectes de
Platoniciens, l'une celle d'Eudoxe, dont la théorie est discutée au
chapitre suivant ; l'autre, celle de Speusippe qui, au témoignage
de Diogène Laërce, avait composé deux ouvrages contre le plaisir :
Περὶ ἡδονῆς, et Ἀρίστιππο,. — On peut croire néanmoins qu'Aristote a aussi en vue les doctrines opposées d'Aristippe et d'Antis-
thène.

3. Τὸ μέσον, c'est la vertu pour Aristote. La même idée est
exprimée au livre II, chap. IX.

πολλων¹. Ἐοίκασιν οὖν οἱ ἀληθεῖς τῶν λόγων οὐ μόνον πρὸς τὸ εἰδέναι χρησιμώτατοι εἶναι, ἀλλὰ καὶ πρὸς τὸν βίον. Συνῳδοὶ γὰρ ὄντες τοῖς ἔργοις πιστεύονται, διὸ προτρέπονται τοὺς συνιέντας ζῆν κατ' αὐτούς. Τῶν μὲν οὖν τοιούτων ἅλις, τὰ δὲ εἰρημένα περὶ τῆς ἡδονῆς ἐπέλθωμεν.

1. Ὡς τοιαύτην, etc. « Comme si tous les plaisirs avaient même valeur; car la multitude ne sait pas établir de différence. » Il s'agit ici d'une distinction relative à la dignité des plaisirs.

CHAPITRE II

Exposition et discussion de la théorie d'Eudoxe sur le plaisir.

Εὔδοξος[1] μὲν οὖν τὴν ἡδονὴν τἀγαθὸν ᾤετ' εἶναι διὰ τὸ πάνθ' ὁρᾶν ἐφιέμενα αὐτῆς, καὶ ἔλλογα καὶ ἄλογα (ἐν πᾶσιν γὰρ εἶναι τὸ αἱρετὸν ἐπιεικές, καὶ τὸ μάλιστα κράτιστον[2]· τὸ δὴ πάντ' ἐπὶ ταὐτὸ φέρεσθαι μηνύειν ὡς πᾶσιν τοῦτο ἄριστον· ἕκαστον γὰρ τὸ αὑτῷ ἀγαθὸν εὑρίσκειν, ὥσπερ καὶ τροφήν, τὸ δὲ πᾶσιν ἀγαθὸν καὶ οὗ πάντ' ἐφίεται, τἀγαθὸν εἶναι)[3]· ἐπιστεύοντο δ' οἱ λόγοι διὰ τὴν τοῦ ἤθους ἀρετὴν μᾶλλον ἢ δι' αὑτούς[4]· διαφερόντως γὰρ ἐδόκει σώφρων εἶναι· οὐ δὴ ὡς φίλος τῆς ἡδονῆς ἐδόκει ταῦτα λέγειν, ἀλλ' οὕτως ἔχειν κατ' ἀλήθειαν.

1. Il semble bien, quoi qu'en dise M. Barthélemy Saint-Hilaire, que cet Eudoxe soit le même que l'astronome de ce nom. Il était de Cnide et vivait vers 366 av. J.-C. Disciple de Platon, il ne fut pas toujours d'accord avec son maître.

2. Ἐν πᾶσιν γὰρ... κράτιστον. « Car en toutes choses ce qui est préférable est bon, et ce qui est par-dessus tout préférable est le meilleur. »

3. Le même argument est invoqué par les Épicuriens : « Omne animal, simul atque natum sit, voluptatem appetere eaque gaudere ut summo bono, dolorem aspernari ut summum malum, et quantum possit, a se repellere, idque facere nondum depravatum, ipsa natura incorrupto atque integre judicante. Itaque negat (Epicurus) opus esse ratione neque disputatione quamobrem voluptas expetenda, fugiendus dolor sit. Sentiri hæc putat, ut calere ignem, nivem esse albam, mel dulce, etc. » (Cic., De finib., I, ch. IX.)

4. Τὴν τοῦ ἤθους ἀρετήν, « la vertu du caractère (d'Eudoxe). »

Οὐχ ἧττον δ' ᾤετο εἶναι φανερὸν ἐκ τοῦ ἐναντίου· τὴν γὰρ λύπην καθ' αὑτὸ πᾶσιν φευκτὸν εἶναι, ὁμοίως δὴ τὸ ἐναντίον αἱρετόν: Μάλιστα δ' εἶναι αἱρετὸν ὃ μὴ δι' ἕτερον μηδ' ἑτέρου χάριν αἱρούμεθα[1]· τοιοῦτο δ' ὁμολογουμένως εἶναι τὴν ἡδονήν· οὐδένα γὰρ ἐπερωτᾶν τίνος ἕνεκα ἥδεται, ὡς καθ' αὑτὴν οὖσαν αἱρετὴν τὴν ἡδονήν. Προστιθεμένην τε ὁτῳοῦν τῶν ἀγαθῶν αἱρετώτερον ποιεῖν, οἷον τῷ δικαιοπραγεῖν καὶ σωφρονεῖν· αὔξεσθαι δὲ τὸ ἀγαθὸν αὐτὸ αὑτῷ.

Ἔοικεν δὴ οὑτός γε ὁ λόγος τῶν ἀγαθῶν αὐτὴν ἀποφαίνειν, καὶ οὐδὲν μᾶλλον ἑτέρου· πᾶν γὰρ μεθ' ἑτέρου ἀγαθοῦ αἱρετώτερον ἢ μονούμενον. Τοιούτῳ δὴ λόγῳ καὶ Πλάτων ἀναιρεῖ ὅτι οὐκ ἔστιν ἡδονὴ τἀγαθόν[2]· αἱρετώτερον γὰρ εἶναι τὸν ἡδὺν βίον μετὰ φρονήσεως ἢ χωρίς, εἰ δὲ τὸ μικτὸν κρεῖττον, οὐκ εἶναι τὴν ἡδονὴν τἀγαθόν· οὐδενὸς γὰρ προστεθέντος αὐτὸ τἀγαθὸν αἱρετώτερον γίνεσθαι. Δῆλον δ' ὡς οὐδ' ἄλλο οὐθὲν τἀγαθὸν ἂν εἴη, ὃ μετά τινος τῶν καθ' αὑτὸ ἀγαθῶν αἱρετώτερον γίνεται. Τί οὖν ἐστι τοιοῦτον, οὗ καὶ ἡμεῖς κοινωνοῦμεν[3], τοιοῦτον γὰρ ἐπιζητεῖται.

1. La fin est préférable aux moyens; le plaisir est une fin; donc, etc. Mais, comme le remarque plus loin Aristote, cela ne prouve pas que le plaisir soit la *seule* fin ni la *meilleure* des fins. Au livre I, ch. xii, il semble pourtant approuver sans réserve un argument analogue d'Eudoxe. « Eudoxe, dit-il, semble avoir bien fait valoir les droits du plaisir à la première place (τῶν ἀριστείων), car il pensait que, puisque tout en étant un bien, on ne le range pas parmi les choses dignes de louanges, cela prouve qu'il est supérieur à ces choses, et qu'il est de même nature que Dieu et le souverain bien, à qui nous rapportons tout le reste. »

2. Ἀναιρεῖ... τἀγαθον « prouve que le plaisir n'est pas le souverain bien. Voir le passage du *Philèbe* (extrait I, à la fin du volume.)

3. Οὗ καὶ ἡμεῖς... « Auquel nous aussi nous puissions participer. » Aristote veut sans doute parler du souverain bien relatif à la nature humaine, en opposition avec le bien en soi, ou l'idée du bien, dont il est question au VIᵉ livre de la *République*.

Οἱ δ᾽ ἐπιστάμενοι ὡς οὐκ ἀγαθὸν οὗ πάντ᾽ ἐφίεται, μὴ οὐθὲν λέγωσιν[1]. Ἃ γὰρ πᾶσι δοκεῖ, ταῦτ᾽ εἶναι φαμέν· ὁ δ᾽ ἀναιρῶν ταύτην τὴν πίστιν οὐ πάνυ πιστότερα ἐρεῖ[2]. Εἰ μὲν γὰρ τὰ ἀνόητα[3] ὠρέγετο αὐτῶν, ἦν ἄν τι τὸ λεγόμενον, εἰ δὲ καὶ τὰ φρόνιμα, πῶς λέγοιεν ἄν τι; ἴσως δὲ καὶ ἐν τοῖς φαύλοις[4] ἔστιν τι φυσικὸν κρεῖττον ἢ καθ᾽ αὑτά[5] ὃ ἐφίεται τοῦ οἰκείου ἀγαθοῦ. Οὐκ ἔοικεν δὲ οὐδὲ περὶ τοῦ ἐναντίου καλῶς λέγεσθαι. Οὐ γάρ φασιν[6], εἰ ἡ λύπη κακόν ἐστι, τὴν ἡδονὴν ἀγαθὸν εἶναι. Ἀντικεῖσθαι γὰρ καὶ κακὸν κακῷ καὶ ἄμφω τῷ μηδετέρῳ, λέγοντες ταῦτα οὐ κακῶς, οὐ μὴν ἐπί γε τῶν εἰρημένων ἀληθεύοντες[7]. Ἀμφοῖν μὲν γὰρ ὄντων κακῶν καί φευκτὰ ἔδει ἄμφω εἶναι, τῶν μηδετέρων δὲ μηδέτερον ἢ ὁμοίως[8]· νῦν δὲ φαίνονται τὴν μὲν φεύγοντες ὡς κακόν, τὴν δὲ αἱρούμενοι ὡς ἀγαθόν· οὕτω δὴ καὶ ἀντίκειται[9].

1. Μὴ οὐθὲν λέγωσι. « (Je crains) qu'ils ne disent rien (de raisonnable). »

2. La morale d'Aristote a un caractère pratique; de là l'importance attribuée au consentement universel. — Ὁ δ᾽ ἀναιρῶν désigne peut-être Speusippe.

3. Quelques manuscrits donnent μόνα après ἀνόητα; « si les êtres privés de raison étaient seuls à désirer les plaisirs. » Le sens est ainsi plus clair.

4. Τοῖς φαύλοις, les êtres inférieurs.

5. Φυσικὸν... καθ᾽ αὑτά. « Un instinct physique, supérieur à eux. » Un instinct qui les guide infailliblement.

6. Φάσιν. Nous savons, par la *Morale à Eudème*, que cette objection est de Speusippe.

7. Ἀληθεύοντες. « Ils ont raison absolument, mais non en ce qui concerne le cas particulier dont il s'agit (savoir si le plaisir est un bien).

8. Τῶν μηδετέρων... ὁμοίως « ou bien, s'ils (le plaisir et la douleur) sont indifférents, il ne faudrait ni les rechercher ni les fuir; ou du moins, il faudrait les éviter ou les poursuivre au même titre. » (M. Barthélemy Saint-Hilaire.)

9. « Et par là ils sont vraiment opposés. »

CHAPITRE III

Discussion de quelques autres arguments invoqués par les Platoniciens pour établir que le plaisir n'est pas un bien.

Οὐ μὴν οὐδ' εἰ μὴ τῶν ποιοτήτων ἐστὶν ἡ ἡδονή, διὰ τοῦτο οὐδὲ τῶν ἀγαθῶν[1]· οὐδὲ γὰρ αἱ τῆς ἀρετῆς ἐνέργειαι ποιότητές εἰσιν, οὐδ' ἡ εὐδαιμονία. Λέγουσι[2] δὲ τὸ μὲν ἀγαθὸν ὡρίσθαι, τὴν δ' ἡδονὴν ἀόριστον εἶναι, ὅτι δέχεται τὸ μᾶλλον καὶ τὸ ἧττον. Εἰ μὲν οὖν ἐκ τοῦ ἥδεσθαι τοῦτο κρίνουσιν[3], καὶ περὶ τὴν δικαιοσύνην καὶ τὰς ἄλλας ἀρετάς, καθ' ἃς ἐναργῶς φασι μᾶλλον καὶ ἧττον τοὺς ποιοὺς ὑπάρχειν καὶ πράττειν κατὰ τὰς ἀρετάς, ἔσται τὸ αὐτό (δίκαιοι γάρ εἰσι μᾶλλον καὶ ἀνδρεῖοι, ἔστι δὲ καὶ δικαιο-πραγεῖν καὶ σωφρονεῖν μᾶλλον καὶ ἧττον). Εἰ δὲ ταῖς ἡδο-ναῖς, μή ποτ' οὐ λέγουσι τὸ αἴτιον, ἂν ὦσιν αἱ μὲν ἀμιγεῖς αἱ δὲ μικταί[4]. Τί δὲ κωλύει, καθάπερ ὑγίεια ὡρισμένη

1. Aristote discute maintenant quelques autres arguments proposés par ceux qui soutiennent que le plaisir n'est pas un bien. Speusippe soutenait qu'on ne peut appeler *bien* que ce qui fait partie du caractère moral de l'homme.

2. Λέγουσι. V. le *Philèbe* (extrait II, à la fin du vol.).

3. Ἐκ τοῦ ἥδεσθαι τοῦτο κρίνουσιν. Si on juge du caractère indéterminé du plaisir d'après la sensation qu'on en peut avoir.

4. Εἰ δὲ ταῖς ἡδοναῖς s'oppose à εἰ μὲν οὖν ἐκ τοῦ ἥδεσθαι de la phrase précédente. M. Grant éclaircit bien ce passage. « Si l'on parle de ce caractère d'indétermination comme existant, non dans ceux qui éprouvent le plaisir, mais dans les plaisirs mêmes : peut-être oublie-t-on de donner la raison de cette indétermination, c'est

οὖσα δέχεται τὸ μᾶλλον καὶ τὸ ἧττον, οὕτω καὶ τὴν ἡδονήν; οὐ γὰρ ἡ αὐτὴ συμμετρία ἐν πᾶσιν ἐστίν, οὐδ' ἐν τῷ αὐτῷ μία τις ἀεί, ἀλλ' ἀνειμένη διαμένει ἕως τινός, καὶ διαφέρει τῷ μᾶλλον καὶ ἧττον. Τοιοῦτον δὴ καὶ τὸ περὶ τὴν ἡδονὴν ἐνδέχεται εἶναι.

Τέλειόν τε τἀγαθὸν τιθέντες, τὰς δὲ κινήσεις καὶ τὰς γενέσεις ἀτελεῖς, τὴν ἡδονὴν κίνησιν καὶ γένεσιν ἀποφαίνειν πειρῶνται[1]. Οὐ καλῶς δ' ἐοίκασι λέγειν οὐδ' εἶναι κίνησιν[2]. Πάσῃ γὰρ οἰκεῖον εἶναι δοκεῖ τάχος, καὶ βραδυτής, καὶ εἰ μὴ καθ' αὑτήν, οἷον τῇ τοῦ κόσμου[3], πρὸς ἄλλο· τῇ δ' ἡδονῇ τούτων οὐδέτερον ὑπάρχει. Ἡσθῆναι μὲν γὰρ ἔστι ταχέως ὥσπερ ὀργισθῆναι, ἥδεσθαι δ' οὔ, οὐδὲ πρὸς ἕτερον, βαδίζειν δὲ καὶ αὔξεσθαι καὶ πάντα τὰ τοιαῦτα. Μεταβάλλειν μὲν οὖν εἰς τὴν ἡδονὴν ταχέως καὶ βραδέως ἔστιν, ἐνεργεῖν δὲ κατ' αὐτὴν οὐκ ἔστιν ταχέως, λέγω δ' ἥδεσθαι[4].

à savoir que tandis que certains plaisirs sont sans mélange, d'autres sont mélangés. » Sur cette théorie des plaisirs purs et mélangés, voir le *Philèbe*. Il est probable que cette distinction avait été méconnue par Speusippe; il attribuait à tous les plaisirs, sans distinction, l'indétermination (ἀμετρία, ἄοριστον εἶναι) qui, selon Platon, est le caractère des seuls plaisirs mélangés. (V. l'extrait III, à la fin du vol.)

1. Platon avait soutenu cette doctrine dans le *Philèbe;* mais il semble avoir fait une exception en faveur des plaisirs élevés de l'esprit. Cette exception, Speusippe ne la faisait pas, et c'est lui qu'Aristote a en vue dans cette discussion.

2. Οὐ καλῶς... κίνησιν. — Ils ne semblent pas avoir raison, pas même en disant que le plaisir est un mouvement.

3. Le monde se mouvant toujours également, son mouvement ne peut être dit plus lent ou plus rapide.

4. Si le plaisir n'est que la conscience d'une transition (d'un état pénible à un état agréable), cette transition pouvant être lente ou rapide, le plaisir sera un mouvement. Mais le plaisir est pro-

Γένεσίς τε πῶς ἂν εἴη; δοκεῖ γὰρ οὐκ ἐκ τοῦ τυχόντος τὸ τυχὸν γίνεσθαι, ἀλλ' ἐξ οὗ γίνεται, εἰς τοῦτο διαλύεσ-θαι· καὶ οὗ γένεσις ἡ ἡδονή, τούτου ἡ λύπη φθορά[1].

Καὶ λέγουσι δὲ τὴν μὲν λύπην ἔνδειαν τοῦ κατὰ φύσιν εἶναι, τὴν δ' ἡδονὴν ἀναπλήρωσιν. Ταῦτα δὲ σωματικά ἐστι τὰ πάθη. Εἰ δή ἐστι τοῦ κατὰ φύσιν ἀναπλήρωσις ἡ ἡδονή, ἐν ᾧ ἀναπλήρωσις, τοῦτ' ἂν καὶ ἥδοιτο· τὸ σῶμα ἄρα· οὐ δοκεῖ δέ· οὐδ' ἔστιν ἄρα ἀναπλήρωσις ἡ ἡδονή, ἀλλὰ γινομένης μὲν ἀναπληρώσεως ἥδοιτ' ἄν τις, καὶ τε-μνόμενος λυποῖτο[2]· Ἡ δόξα δ' αὕτη δοκεῖ γεγενῆσθαι ἐκ τῶν περὶ τὴν τροφὴν λυπῶν καὶ ἡδονῶν· ἐνδεεῖς γὰρ γενο-μένους καὶ προλυπηθέντας ἥδεσθαι τῇ ἀναπληρώσει. Τοῦτο δ' οὐ περὶ πάσας συμβαίνει τὰς ἡδονάς· ἄλυποι γάρ εἰσιν αἵ τε μαθηματικαὶ καὶ τῶν κατὰ τὰς αἰσθήσεις αἱ διὰ τῆς ὀσφρήσεως, καὶ ἀκροάματα δὲ καὶ ὁράματα πολλὰ καὶ μνῆμαι καὶ ἐλπίδες[3]. Τίνος οὖν αὗται γενέσεις ἔσονται;

prement l'acte de conscience, et il ressemble plutôt à un repos. Distinction très délicate et très juste, qu'Aristote exprime par l'opposition entre ἡσθῆναι, μεταβάλλειν εἰς τὴν ἡδονὴν, et ἥδεσθαι, ἐνεργεῖν καθ' ἡδονήν. Cette opinion, que l'essence du sentiment con-siste en un changement, un devenir, est celle de quelques-uns des plus récents psychologues. Ils s'appuient principalement sur des considérations d'ordre physiologique. (V. Ribot, *Psychologie alle-mande contemporaine*, 2e édit., p. 355.)

1. L'argument n'est pas très clair sous cette forme elliptique. Si le plaisir était une génération, il se résoudrait en ses éléments. Or, il se résout en douleur (car, selon les platoniciens, la douleur est une dissolution (φθορά). Dissolution de quoi? D'éléments qui ne peuvent avoir donné naissance au plaisir, puisque le semblable se résout en son semblable.

2. Le plaisir, pour Aristote, se rapporte à l'âme, non au corps, τὸ μὲν γὰρ ἥδεσθαι τῶν ψυχικῶν (*Eth. Nicom.*, I, viii).

3. Platon dit à peu près la même chose dans le *Philèbe*. (V. l'ex-trait III à la fin du vol.)

οὐδενὸς γὰρ ἔνδεια γεγένηται, οὗ γένοιτ' ἂν ἀναπλήρωσις.

Πρὸς δὲ τοὺς προφέροντας τὰς ἐπονειδίστους τῶν ἡδονῶν λέγοι τις ἂν ὅτι οὐκ ἔστιν ταῦθ' ἡδέα[1]· Οὐ γὰρ εἰ τοῖς κακῶς διακειμένοις ἡδέα ἐστίν, οἰητέον αὐτὰ καὶ ἡδέα εἶναι πλὴν τούτοις, καθάπερ οὐδὲ τὰ τοῖς κάμνουσιν ὑγιεινὰ ἢ γλυκέα ἢ πικρά, οὐδὲ αὖ λευκὰ τὰ φαινόμενα τοῖς ὀφθαλμιῶσιν. Ἢ οὕτω λέγοιτ' ἄν, ὅτι αἱ μὲν ἡδοναὶ αἱρεταί εἰσιν, οὐ μὴν ἀπό γε τούτων[2], ὥσπερ καὶ τὸ πλουτεῖν, προδόντι δ' οὔ, καὶ τὸ ὑγιαίνειν, οὐ μὴν ὁτιοῦν φαγόντι. Ἢ τῷ εἴδει διαφέρουσιν αἱ ἡδοναί. Ἕτεραι γὰρ αἱ ἀπὸ τῶν καλῶν τῶν ἀπὸ τῶν αἰσχρῶν, καὶ οὐκ ἔστιν ἡσθῆναι τὴν[3] τοῦ δικαίου μὴ ὄντα δίκαιον οὐδὲ τὴν τοῦ μουσικοῦ μὴ ὄντα μουσικόν, ὁμοίως δὲ καὶ ἐπὶ τῶν ἄλλων.

Ἐμφανίζειν δὲ δοκεῖ καὶ ὁ φίλος, ἕτερος ὢν τοῦ κόλακος, οὐκ οὖσαν ἀγαθὸν τὴν ἡδονὴν ἢ διαφόρους εἴδει[4]. Ὁ μὲν γὰρ πρὸς τἀγαθὸν ὁμιλεῖν δοκεῖ, ὁ δὲ πρὸς ἡδονήν, καὶ τῷ μὲν ὀνειδίζεται, τὸν δ' ἐπαινοῦσιν ὡς πρὸς ἕτερα ὁμιλοῦντα[5]. Οὐδείς τ' ἂν ἕλοιτο ζῆν παιδίου διάνοιαν ἔχων διὰ βίου, ἡδόμενος ἐφ' οἷς τὰ παιδία ὡς οἷόν τε μάλιστα, οὐδὲ χαίρειν ποιῶν τι τῶν αἰσχίστων, μηδέποτε μέλλων λυπηθῆναι[6]. Περὶ πολλά τε σπουδὴν ποιησαίμεθ' ἂν καὶ

1. Cet argument, invoqué par certains Platoniciens (sans doute Speusippe), contre le plaisir, est déjà mentionné (livre VII, ch. viii).

2. Ἀπὸ τούτων, venant de ces actions honteuses.

3. Τὴν, sous-ent. ἡδονήν. C'est la considération de la dignité des plaisirs, introduite par Stuart Mill dans le calcul utilitaire.

4. Ἢ διαφόρους εἴδει, ou bien que les plaisirs diffèrent en espèce.

5. « Et si l'on désapprouve l'un, tandis qu'on estime l'autre, c'est qu'ils recherchent aussi la société d'autrui dans des buts tout à fait dissemblables. » (M. Barthélemy Saint-Hilaire.)

6. La même doctrine est soutenue par Stuart Mill, qui essaie de corriger l'utilitarisme de Bentham.

εἰ μηδεμίαν ἐπιφέροι ἡδονήν, οἷον ὁρᾶν, μνημονεύειν, εἰδέναι, τὰς ἀρετὰς ἔχειν. Εἰ δ' ἐξ ἀνάγκης ἕπονται τούτοις
ἡδοναί, οὐδὲν διαφέρει· ἑλοίμεθα γὰρ ἂν ταῦτα καὶ εἰ
μὴ γίνοιτο ἀπ' αὐτῶν ἡδονή. Ὅτι μὲν οὖν οὔτε τἀγαθὸν ἡ
ἡδονὴ οὔτε πᾶσα αἱρετή, δῆλον ἔοικεν εἶναι, καὶ ὅτι εἰσίν
τινες αἱρεταὶ καθ' αὑτὰς διαφέρουσαι τῷ εἴδει ἢ ἀφ' ὧν[1].

Τὰ μὲν οὖν λεγόμενα περὶ τῆς ἡδονῆς καὶ λύπης ἱκανῶς εἰρήσθω.

1. Ἢ ἀφ' ὧν, ou par les objets dont ils proviennent.

CHAPITRE IV

Théorie du plaisir.

Τί δ' ἐστὶν ἢ ποῖόν τι[1], καταφανέστερον γένοιτ' ἂν ἀπ' ἀρχῆς ἀναλαβοῦσιν. Δοκεῖ γὰρ ἡ μὲν ὅρασις καθ' ὁντινοῦν χρόνον τελεία εἶναι (οὐ γάρ ἐστιν ἐνδεὴς οὐδενὸς ὃ εἰς ὕστερον γενόμενον τελειώσει αὐτῆς τὸ εἶδος[2])· τοιούτῳ δ' ἔοικεν καὶ ἡ ἡδονή. Ὅλον γάρ τι ἐστίν, καὶ κατ' οὐδένα χρόνον λάβοι τις ἂν ἡδονὴν ἧς ἐπὶ πλείω χρόνον γινομένης τελειωθήσεται τὸ εἶδος. Διόπερ οὐδὲ κίνησις ἐστίν. Ἐν χρόνῳ γὰρ πᾶσα κίνησις καὶ τέλους τινός[3], οἷον ἡ οἰκοδομικὴ τελεία ὅταν ποιήσῃ οὗ ἐφίεται. Ἢ ἐν ἅπαντι τῷ χρόνῳ τούτῳ[4]· ἐν δὲ τοῖς μέρεσι τοῦ χρόνου πᾶσαι ἀτελεῖς, καὶ ἕτεραι τῷ εἴδει τῆς ὅλης καὶ ἀλλήλων. Ἡ γὰρ τῶν λίθων σύνθεσις ἑτέρα τῆς τοῦ κίονος ῥαβδώσεως, καὶ αὗται τῆς τοῦ ναοῦ ποιήσεως· καὶ ἡ μὲν τοῦ ναοῦ τελεία (οὐδενὸς γὰρ ἐνδεὴς πρὸς τὸ προκείμενον), ἡ δὲ τῆς κρη

---

1. Τί δ' ἐστὶν ἢ ποῖόν τι. Selon M. Grant, τί désigne le genre auquel appartient le plaisir; c'est un *tout*, ὅλον; ποῖον exprime la différence spécifique; le plaisir résulte de l'exercice d'une faculté prenant possession de son objet propre.

2. Il n'est pas rigoureusement vrai que la vision soit un acte simple et indivisible.

3. Τέλους τινός, tend vers un but.

4. Nous adoptons ici la correction de Michelet et Grant. Seule, elle nous paraît donner un sens satisfaisant. « Dira-t-on que ce mouvement de l'architecture est parfait dans le temps particulier (où il s'accomplit), considéré dans son ensemble? »

πῖδος καὶ τοῦ τριγλύφου ἀτελής (μέρους γὰρ ἑκατέρα¹).

Τῷ εἴδει οὖν διαφέρουσιν, καὶ οὐκ ἔστιν ἐν ὁτῳοῦν χρόνῳ λαβεῖν κίνησιν τελείαν τῷ εἴδει, ἀλλ' εἴπερ, ἐν τῷ ἅπαντι². Ὁμοίως δὲ καὶ ἐπὶ βαδίσεως καὶ τῶν λοιπῶν. Εἰ γάρ ἐστιν ἡ φορὰ κίνησις πόθεν ποῖ, καὶ ταύτης διαφοραὶ κατ' εἴδη³, πτῆσις βάδισις ἅλσις καὶ τὰ τοιαῦτα· οὐ μόνον δ' οὕτως, ἀλλὰ καὶ ἐν αὐτῇ τῇ βαδίσει. Τὸ γὰρ πόθεν ποῖ οὐ ταὐτὸν ἐν τῷ σταδίῳ καὶ ἐν τῷ μέρει, καὶ ἐν ἑτέρῳ μέρει καὶ ἑτέρῳ, οὐδὲ τὸ διεξιέναι τὴν γραμμὴν τήνδε κἀκείνην. Οὐ μόνον γὰρ γραμμὴν διαπορεύεται, ἀλλὰ καὶ ἐν τόπῳ οὖσαν, ἐν ἑτέρῳ δ' αὕτη ἐκείνης. Δι' ἀκριβείας μὲν οὖν περὶ κινήσεως ἐν ἄλλοις εἴρηται⁴, ἔοικεν δ' οὐδ' ἐν ἅπαντι χρόνῳ τελεία εἶναι⁵, ἀλλ' αἱ πολλαὶ ἀτελεῖς καὶ διαφέρουσαι τῷ εἴδει, εἴπερ τὸ πόθεν ποῖ εἰδοποιόν.

Τῆς ἡδονῆς δ' ἐν ὁτῳοῦν χρόνῳ τέλειον τὸ εἶδος. Δῆλον οὖν ὡς ἕτεραί τ' ἂν εἶεν ἀλλήλων⁶, καὶ τῶν ὅλων τι καὶ τελείων ἡ ἡδονή. Δόξειε δ' ἂν τοῦτο καὶ ἐκ τοῦ μὴ ἐνδέ-

---

1. Μέρους γὰρ ἑκατέρα. Car chacun (de ces mouvements) n'est relatif qu'à une partie (du temple).

2. Ἀλλ' εἴπερ, etc. « Ou, si l'on veut trouver un mouvement parfait, achevé, c'est celui qui s'accomplit dans le temps tout entier. »

3. Le sens est : de même que la translation est un mouvement différent des autres en espèce, de même il y a des différences spécifiques de ce mouvement de translation; ce sont le vol, etc.

4. Εἴρηται. M. Grant propose de lire εἰρήσεται; sous prétexte que la *Physique,* où il est question du mouvement, est probablement postérieure à la *Morale à Nicomaque.* Cette conjecture nous paraît hasardée. (Voir la *Physique,* l. IV et V, et les *Catégories,* ch. xiv.)

5. Ἐν ἅπαντι χρόνῳ, dans un temps quelconque. Cette expression n'a pas ici le même sens que plus haut.

6. Ἕτεραι... ἀλλήλων, que plaisir et mouvement diffèrent l'un de l'autre.

χεσθαι κινεῖσθαι μὴ ἐν χρόνῳ, ἥδεσθαι δέ· τὸ γὰρ ἐν τῷ νῦν ὅλον τι.

Ἐκ τούτων δὲ δῆλον καὶ ὅτι οὐ καλῶς λέγουσιν κίνησιν ἢ γένεσιν εἶναι τῆς ἡδονῆς. Οὐ γὰρ πάντων ταῦτα λέγεται, ἀλλὰ τῶν μεριστῶν καὶ μὴ ὅλων· οὐδὲ γὰρ ὁράσεως ἔστι γένεσις· οὐδὲ στιγμῆς οὐδὲ μονάδος, οὐδὲ τούτων οὐθὲν κίνησις οὐδὲ γένεσις· οὐδὲ δὴ ἡδονῆς· ὅλον γάρ τι.

Αἰσθήσεως[1] δὲ πάσης πρὸς τὸ αἰσθητὸν ἐνεργούσης, τελείως δέ τῆς εὖ διακειμένης πρὸς τὸ κάλλιστον τῶν ὑπὸ τὴν αἴσθησιν (τοιοῦτον γὰρ μάλιστ’ εἶναι δοκεῖ ἡ τελεία ἐνέργεια· αὐτὴν δὲ λέγειν ἐνεργεῖν ἢ ἐν ᾧ ἐστίν[2], μηθὲν διαφερέτω), καθ’ ἕκαστον δὲ βελτίστη ἐστὶν ἡ ἐνέργεια τοῦ ἄριστα διακειμένου πρὸς τὸ κράτιστον τῶν ὑφ’ αὐτήν· αὕτη δ’ ἂν τελειοτάτη εἴη καὶ ἡδίστη. Κατὰ πᾶσαν γὰρ αἴσθησιν ἔστιν ἡδονή, ὁμοίως δὲ καὶ διάνοιαν καὶ θεωρίαν, ἡδίστη δ’ ἡ τελειοτάτη, τελειοτάτη δὲ ἡ τοῦ εὖ ἔχοντος πρὸς τὸ σπουδαιότατον τῶν ὑπ’ αὐτήν[3]. Τελειοῖ δὲ τὴν ἐνέργειαν ἡ ἡδονή. Οὐ τὸν αὐτὸν δὲ τρόπον ἥ τε ἡδονὴ τελειοῖ καὶ τὸ αἰσθητόν τε καὶ ἡ αἴσθησις[4],

---

1. Αἰσθήσεως πάσης, chacun des sens.

2. Αὐτὴν... ἢ ἐν ᾧ ἐστιν, le sens lui-même, ou l'être dans lequel il se trouve.

3. Τελειοτάτη... τῶν ὑπ’ αὐτήν. « Le plaisir le plus parfait est celui qu'éprouve l'être qui est bien disposé par rapport à ce qu'il y a de meilleur parmi les objets propres de chaque sens. »

4. L'objet sensible et le sens ne complètent pas l'acte de la même manière que le plaisir; l'objet sensible et le sens sont les conditions indispensables de l'acte de sentir; le plaisir s'ajoute à l'acte, comme une perfection; il est cause formelle, non efficiente. Un psychologue éminent, M. Francisque Bouillier, fait de même du plaisir un phénomène concomitant à tout développement libre et régulier de l'activité. (Du Plaisir et de la Douleur, ch. III.)

σπουδαῖα ὄντα, ὥσπερ οὐδ' ἡ ὑγίεια καὶ ὁ ἰατρὸς ὁμοίως αἴτιά ἐστι τοῦ ὑγιαίνειν[1].

Καθ' ἑκάστην δ' αἴσθησιν ὅτι γίνεται ἡδονή, δῆλον· φαμὲν γὰρ ὁράματα καὶ ἀκούσματα εἶναι ἡδέα. Δῆλον δὲ καὶ ὅτι μάλιστα, ἐπειδὰν ἥ τε αἴσθησις ᾖ κρατίστη καὶ πρὸς τοιοῦτον ἐνεργῇ· τοιούτων δ' ὄντων τοῦ τε αἰσθητοῦ καὶ τοῦ αἰσθανομένου, ἀεὶ ἔσται ἡδονὴ ὑπάρχοντός γε τοῦ ποιήσοντος καὶ τοῦ πεισομένου[2].

Τελειοῖ δὲ τὴν ἐνέργειαν ἡ ἡδονὴ οὐχ ὡς ἕξις ἐνυπάρχουσα, ἀλλ' ὡς ἐπιγινόμενόν τι τέλος, οἷον τοῖς ἀκμαίοις ἡ ὥρα· ἕως ἂν οὖν τό τε νοητὸν ἢ αἰσθητὸν ᾖ οἷον δεῖ καὶ τὸ κρῖνον ἢ θεωροῦν, ἔσται ἐν τῇ ἐνεργείᾳ ἡ ἡδονή· ὁμοίων γὰρ ὄντων καὶ πρὸς ἄλληλα τὸν αὐτὸν τρόπον ἐχόντων τοῦ τε παθητικοῦ καὶ τοῦ ποιητικοῦ ταὐτὸ πέφυκε γίνεσθαι.

Πῶς οὖν οὐδεὶς συνεχῶς ἥδεται; ἢ κάμνει[3]; πάντα γὰρ τὰ ἀνθρώπεια ἀδυνατεῖ συνεχῶς ἐνεργεῖν. Οὐ γίνεται οὖν οὐδ' ἡδονή[4]· ἔπεται γὰρ τῇ ἐνεργείᾳ. Ἔνια δὲ τέρπει καινὰ ὄντα, ὕστερον δὲ οὐχ ὁμοίως διὰ ταὐτό[5]· τὸ μὲν γὰρ πρῶ-

1. Ἰατρὸς, cause efficiente de l'acte d'être en santé, ὑγίεια, cause formelle de cet acte.

2. Ὑπάρχοντος... πεισομένου, « puisqu'il y aura à la fois ce qui doit le produire et ce qui doit l'éprouver. » (M. Barthélemy Saint-Hilaire.) Selon M. Grant, qui cite à l'appui de son interprétation un passage du VI° livre, ποιήσοντος voudrait dire ici l'être qui manifeste son activité par le plaisir (qu'il éprouve), et πεισομένου, l'être qui subit (en tant qu'il est objet de plaisir, ou senti comme agréable). En effet, si le plaisir est l'achèvement d'un acte, πεισομένου ne peut désigner que l'objet, non le sujet.

3. Objection. « Alors, pourquoi personne n'éprouve-t-il continuellement du plaisir? » — Réponse. « N'est-ce pas qu'on se fatigue? »

4. « Le plaisir non plus ne se produit pas (sous-ent. συνεχῶς). »

5. Διὰ ταὐτό, par le même caractère; c'est-à-dire que si elles continuent à nous plaire, ce n'est pas par leur nouveauté.

τον παρακέκληται ἡ διάνοια καὶ διατεταμένως περὶ αὐτὰ ἐνεργεῖ, ὥσπερ κατὰ τὴν ὄψιν οἱ ἐμβλέποντες, μετέπειτα δὲ οὐ τοιαύτη ἡ ἐνέργεια ἀλλὰ παρημελημένη· διὸ καὶ ἡ ἡδονὴ ἀμαυροῦται.

Ὀρέγεσθαι δὲ τῆς ἡδονῆς οἰηθείη τις ἂν ἅπαντας, ὅτι καὶ τοῦ ζῆν ἅπαντες ἐφίενται· ἡ δὲ ζωὴ ἐνέργειά τις ἐστίν. Καὶ ἕκαστος περὶ ταῦτα καὶ τούτοις ἐνεργεῖ ἃ καὶ μάλιστ᾽ ἀγαπᾷ, οἷον ὁ μὲν μουσικὸς τῇ ἀκοῇ περὶ τὰ μέλη, ὁ δὲ φιλομαθὴς τῇ διανοίᾳ περὶ τὰ θεωρήματα, οὕτω δὲ καὶ τῶν λοιπῶν ἕκαστος. Ἡ δ᾽ ἡδονὴ τελειοῖ τὰς ἐνεργείας, καὶ τὸ ζῆν δή, οὗ ὀρέγονται. Εὐλόγως οὖν καὶ τῆς ἡδονῆς ἐφίενται· τελειοῖ γὰρ ἑκάστῳ τὸ ζῆν, αἱρετὸν ὄν.

Πότερον δὲ διὰ τὴν ἡδονὴν τὸ ζῆν αἱρούμεθα ἢ διὰ τὸ ζῆν τὴν ἡδονήν, ἀφείσθω ἐν τῷ παρόντι. Συνεζεῦχθαι μὲν γὰρ ταῦτα φαίνεται καὶ χωρισμὸν οὐ δέχεσθαι· ἄνευ τε γὰρ ἐνεργείας οὐ γίνεται ἡδονή, πᾶσάν τε ἐνέργειαν τελειοῖ ἡ ἡδονή.

CHAPITRE V

Des différentes sortes de plaisirs.

Ὅθεν δοκοῦσιν καὶ τῷ εἴδει διαφέρειν. Τὰ γὰρ ἕτερα τῷ εἴδει ὑφ' ἑτέρων οἰόμεθα τελειοῦσθαι. Οὕτω γὰρ φαίνεται καὶ τὰ φυσικὰ καὶ τὰ ὑπὸ τέχνης, οἷον ζῷα καὶ δένδρα καὶ γραφὴ καὶ ἀγάλματα καὶ οἰκία καὶ σκεῦος[1] ὁμοίως δὲ καὶ τὰς ἐνεργείας τὰς διαφερούσας τῷ εἴδει ὑπὸ διαφερόντων εἴδει τελειοῦσθαι. Διαφέρουσιν δ' αἱ τῆς διανοίας τῶν κατὰ τὰς αἰσθήσεις καὶ αὗται ἀλλήλων κατ' εἶδος· καὶ αἱ τελειοῦσαι δὴ ἡδοναί.

Φανείη δ' ἂν τοῦτο καὶ ἐκ τοῦ συνῳκειῶσθαι τῶν ἡδονῶν ἑκάστην τῇ ἐνεργείᾳ ἣν τελειοῖ[2]. Συναύξει γὰρ τὴν ἐνέργειαν ἡ οἰκεία ἡδονή. Μᾶλλον γὰρ ἕκαστα κρίνουσιν καὶ ἐξακριβοῦσιν οἱ μεθ' ἡδονῆς ἐνεργοῦντες, οἷον γεωμετρικοὶ γίνονται οἱ χαίροντες τῷ γεωμετρεῖν, καὶ κατανοοῦσιν ἕκαστα μᾶλλον, ὁμοίως δὲ καὶ οἱ φιλόμουσοι καὶ φιλοικοδόμοι καὶ τῶν ἄλλων ἕκαστοι ἐπιδιδόασιν[3] εἰς τὸ οἰκεῖον

1. Ce sont des causes différentes qui achèvent la perfection des objets naturels, de ceux qui sont produits par l'art, enfin, des puissances de l'âme humaine. Aristote énumère ces causes au liv. III, ch. iii : αἴτια γὰρ δοκοῦσιν εἶναι φύσις καὶ ἀνάγκη καὶ τύχη, ἔτι δὲ νοῦς καὶ πᾶν τὸ δι' ἀνθρώπου.

2. « La preuve en est dans la connexion étroite qui existe entre chaque plaisir et l'acte (de la faculté spéciale) qu'il complète. » Aristote veut dire qu'il y a un plaisir propre à l'exercice de chacune de nos facultés. (V. l'extrait IV, à la fin du volume.)

3. Sous-ent. μᾶλλον, plus ou mieux.

ἔργον χαίροντες αὐτῷ. Συναύξουσιν δὴ αἱ ἡδοναί, τὰ δὲ συναύξοντα οἰκεῖα. Τοῖς ἑτέροις δὲ τῷ εἴδει καὶ τὰ οἰκεῖα ἕτερα τῷ εἴδει.

Ἔτι δὲ μᾶλλον τοῦτ᾽ ἂν φανείη ἐκ τοῦ τὰς ἀφ᾽ ἑτέρων ἡδονὰς [1] ἐμποδίους ταῖς ἐνεργείαις εἶναι· οἱ γὰρ φίλαυλοι ἀδυνατοῦσιν τοῖς λόγοις προσέχειν, ἐὰν κατακούσωσιν αὐλοῦντος, μᾶλλον χαίροντες αὐλητικῇ τῆς παρούσης ἐνεργείας· ἡ κατὰ τὴν αὐλητικὴν οὖν ἡδονὴ τὴν περὶ τὸν λόγον ἐνέργειαν φθείρει. Ὁμοίως δὲ τοῦτο καὶ ἐπὶ τῶν ἄλλων συμβαίνει, ὅταν ἅμα περὶ δύο ἐνεργῇ· ἡ γὰρ ἡδίων [2] τὴν ἑτέραν ἐκκρούει, κἂν πολὺ διαφέρῃ κατὰ τὴν ἡδονήν, μᾶλλον, ὥστε μηδ᾽ ἐνεργεῖν κατὰ τὴν ἑτέραν. Διὸ χαίροντες ὁτιοῦν σφόδρα οὐ πάνυ δρῶμεν ἕτερον, καὶ ἄλλα ποιοῦμεν ἄλλοις ἠρέμα ἀρεσκόμενοι, οἷον καὶ ἐν τοῖς θεάτροις οἱ τραγηματίζοντες, ὅταν φαῦλοι οἱ ἀγωνιζόμενοι ὦσιν, τότε μάλιστ᾽ αὐτὸ δρῶσιν.

Ἐπεὶ δ᾽ ἡ μὲν οἰκεία ἡδονὴ ἐξακριβοῖ τὰς ἐνεργείας καὶ χρονιωτέρας καὶ βελτίους ποιεῖ, αἱ δ᾽ ἀλλότριαι λυμαίνονται, δῆλον ὡς πολὺ διεστᾶσιν· σχεδὸν γὰρ αἱ ἀλλότριαι ἡδοναὶ ποιοῦσιν ὅπερ αἱ οἰκεῖαι λῦπαι· φθείρουσι γὰρ τὰς ἐνεργείας αἱ οἰκεῖαι λῦπαι, οἷον εἴ τῳ τό γράφειν ἀηδὲς καὶ ἐπίλυπον ἢ τό λογίζεσθαι. Ὁ μὲν γὰρ οὐ γράφει, ὁ δ᾽ οὐ λογίζεται, λυπηρᾶς οὔσης τῆς ἐνεργείας.

Συμβαίνει δὴ περὶ τὰς ἐνεργείας τὸ ἐναντίον ἀπὸ τῶν οἰκείων ἡδονῶν τε καὶ λυπῶν. Οἰκεῖαι δ᾽ εἰσὶν αἱ ἐπὶ τῇ

1. Les plaisirs provenant d'actes différents ou d'activités différentes.
2. Ἡδίων, sous-ent. ἐνέργεια.

ἐνεργείᾳ καθ' αὑτὴν γινόμεναι¹. Αἱ δ' ἀλλότριαι ἡδοναὶ εἴρηται ὅτι παραπλήσιόν τι ., ᵕπῄ ποιοῦσιν· φθείρουσι γάρ, πλὴν οὐχ ὁμοίως.

Διαφερουσῶν δὲ τῶν ἐνεργειῶν ἐπιεικείᾳ καὶ φαυλότητι, καὶ τῶν μὲν αἱρετῶν οὐσῶν τῶν δὲ φευκτῶν τῶν δ' οὐδετέρων, ὁμοίως ἔχουσιν καὶ αἱ ἡδοναί· καθ' ἑκάστην γὰρ ἐνέργειαν οἰκεία ἡδονή ἐστιν. Ἡ μὲν οὖν τῇ σπουδαίᾳ οἰκεία ἐπιεικής, ἡ δὲ τῇ φαύλῃ μοχθηρά· καὶ γὰρ αἱ ἐπιθυμίαι τῶν μὲν καλῶν ἐπαινετά, τῶν δ' αἰσχρῶν ψεκταί. Οἰκειότεραι δὲ ταῖς ἐνεργείαις αἱ ἐν αὐταῖς ἡδοναὶ τῶν ὀρέξεων· αἱ μὲν² γὰρ διωρισμέναι εἰσὶν καὶ τοῖς χρόνοις καὶ τῇ φύσει, αἱ δὲ³ σύνεγγυς ταῖς ἐνεργείαις, καὶ ἀδιόριστοι οὕτως ὥστ' ἔχειν ἀμφισβήτησιν εἰ ταὐτόν ἐστιν ἡ ἐνέργεια τῇ ἡδονῇ.

Οὐ μὴν ἔοικέν γε ἡ ἡδονὴ διάνοια εἶναι οὐδ' αἴσθησις (ἄτοπον γάρ), ἀλλὰ διὰ τὸ μὴ χωρίζεσθαι φαίνεταί τισι ταὐτόν. Ὥσπερ οὖν αἱ ἐνέργειαι ἕτεραι, καὶ αἱ ἡδοναί. Διαφέρει δὲ ἡ ὄψις ἁφῆς καθαριότητι⁴, καὶ ἀκοὴ καὶ ὄσφρησις γεύσεως· ὁμοίως δὴ διαφέρουσιν καὶ αἱ ἡδοναί, καὶ τούτων αἱ περὶ τὴν διάνοιαν, καὶ ἑκάτεραι ἀλλήλων⁶.

Δοκεῖ δ' εἶναι ἑκάστῳ ζώῳ καὶ ἡδονὴ οἰκεία, ὥσπερ καὶ ἔργον⁷· ἡ γὰρ κατὰ τὴν ἐνέργειαν. Καὶ ἐφ' ἑκάστῳ δὲ

1. Οἰκεῖαι... γιγνόμεναι. « J'entends par propres les plaisirs ou les peines qui s'ajoutent à l'acte pris en soi. »

2. Αἱ μὲν, les désirs.

3. Αἱ δὲ, les plaisirs.

4. Aristote développe cette supériorité de la vue sur le toucher, dans le ch. x du livre III.

5. Τούτων ne désigne ici que les plaisirs des sens.

6. Et dans ces deux genres (plaisirs des sens et plaisirs de la pensée), chaque plaisir diffère des autres.

7. Spinoza exprime une pensée analogue : « Les passions des animaux... doivent différer des passions des hommes autant que

Θεωροῦντι τοῦτ' ἂν φανείη· ἑτέρα γὰρ ἵππου ἡδονὴ καὶ κυνὸς καὶ ἀνθρώπου, καθάπερ Ἡράκλειτός φησιν ὄνον σύρματ' ἂν ἑλέσθαι μᾶλλον ἢ χρυσόν· ἥδιον γὰρ χρυσοῦ τροφὴ ὄνοις[1]. Αἱ μὲν οὖν τῶν ἑτέρων τῷ εἴδει διαφέρουσιν εἴδει, τὰς δὲ τῶν αὐτῶν ἀδιαφόρους εὔλογον εἶναι[2].

Διαλλάττουσι δ' οὐ σμικρὸν ἐπί γε τῶν ἀνθρώπων· τὰ γὰρ αὐτὰ τοὺς μὲν τέρπει τοὺς δὲ λυπεῖ, καὶ τοῖς μὲν λυπηρὰ καὶ μισητά ἐστι τοῖς δὲ ἡδέα καὶ φιλητά. Καὶ ἐπὶ γλυκέων δὲ τοῦτο συμβαίνει· οὐ γὰρ τὰ αὐτὰ δοκεῖ τῷ πυρέττοντι καὶ τῷ ὑγιαίνοντι, οὐδὲ θερμὸν εἶναι τῷ ἀσθενεῖ καὶ τῷ εὐεκτικῷ· ὁμοίως δὲ τοῦτο καὶ ἐφ' ἑτέρων συμβαίνει.

Δοκεῖ δ' ἐν ἅπασι τοῖς τοιούτοις εἶναι τὸ φαινόμενον τῷ σπουδαίῳ. Εἰ δὲ τοῦτο καλῶς λέγεται, καθάπερ δοκεῖ, καὶ ἔστιν ἑκάστου μέτρον ἡ ἀρετὴ καὶ ὁ ἀγαθός, ἢ τοιοῦτος, καὶ ἡδοναὶ εἶεν ἂν αἱ τούτῳ φαινόμεναι καὶ ἡδέα οἷς οὗτος χαίρει[4]. Τὰ δὲ τούτῳ δυσχερῆ εἴ τῳ φαίνεται

[1] leur nature diffère de la nature humaine. Le cheval et l'homme obéissent tous deux à l'appétit de la génération, mais chez celui-là, l'appétit est tout animal; chez celui-ci, il a le caractère d'un penchant humain. De même il doit y avoir de la différence entre les penchants et les appétits des insectes, et ceux des poissons, des oiseaux. Ainsi donc, quoique chaque individu vive content de sa nature et y trouve son bonheur, cette vie, ce bonheur, ne sont autre chose que l'idée ou l'âme de ce même individu, et c'est pourquoi il y a entre le bonheur de l'un et celui de l'autre autant de diversités qu'entre leurs essences. Enfin il résulte... que la différence n'est pas médiocre entre le bonheur que peut ressentir un ivrogne et celui qui est goûté par un philosophe. » (*Eth.*, Sch. de la prop. 57, part. 3. — Tr. Saisset, p. 162-163.)

1. C'est aussi la fable d'Ésope, *le Coq et la Perle*.

2. « Les plaisirs des êtres d'espèces différentes diffèrent spécifiquement. »

3. « Ce qui est, c'est ce qui paraît à l'homme bien constitué. »

4. C'est une réponse à l'aphorisme célèbre de Protagoras : « L'homme est la mesure de toutes choses. »

ἡδέα, οὐδὲν θαυμαστόν· πολλαὶ γὰρ φθοραὶ καὶ λῦμαι ἀνθρώπων γίνονται· ἡδέα δ᾽ οὐκ ἔστιν, ἀλλὰ τούτοις καὶ τοῖς οὕτω διακειμένοις.

Τὰς μὲν οὖν ὁμολογουμένως αἰσχρὰς δῆλον ὡς οὐ φατέον ἡδονὰς εἶναι, πλὴν τοῖς διεφθαρμένοις· τῶν δ᾽ ἐπιεικῶν εἶναι δοκουσῶν ποίαν ἢ τίνα φατέον τοῦ ἀνθρώπου εἶναι; ἢ ἐκ τῶν ἐνεργειῶν δῆλον[1]; ταύταις γὰρ ἕπονται αἱ ἡδοναί. Εἴτ᾽ οὖν μία ἐστὶν εἴτε πλείους αἱ τοῦ τελείου καὶ μακαρίου ἀνδρός, αἱ ταύτας τελειοῦσαι ἡδοναὶ κυρίως λέγοιντ᾽ ἂν ἀνθρώπου ἡδοναὶ εἶναι, αἱ δὲ λοιπαὶ δευτέρως καὶ πολλοστῶς[2], ὥσπερ αἱ ἐνέργειαι. .

1. « N'est-il pas évident que c'est d'après les actes qu'on en peut juger? »
2. Platon dit de même dans le *Philèbe* : « Les méchants recherchent d'ordinaire les plaisirs faux; les gens de bien, les plaisirs vrais. »

CHAPITRE VI

Théorie du bonheur.

Εἰρημένων δὲ τῶν περὶ τὰς ἀρετάς τε καὶ φιλίας καὶ ἡδονάς[1], λοιπὸν περὶ εὐδαιμονίας τύπῳ διελθεῖν, ἐπειδὴ τέλος αὐτὴν τίθεμεν τῶν ἀνθρωπίνων. Ἀναλαβοῦσι δὴ τὰ προειρημένα συντομώτερος ἂν εἴη ὁ λόγος.

Εἴπομεν δ᾽ ὅτι οὐκ ἔστιν ἕξις[2]· καὶ γὰρ τῷ καθεύδοντι διὰ βίου ὑπάρχοι ἄν, φυτῶν ζῶντι βίον, καὶ τῷ δυστυχοῦντι τὰ μέγιστα[3]. Εἰ δὴ ταῦτα μὴ ἀρέσκει, ἀλλὰ μᾶλλον εἰς ἐνέργειάν τινα θετέον, καθάπερ ἐν τοῖς πρότερον εἴρηται, τῶν δ᾽ ἐνεργειῶν αἱ μέν εἰσιν ἀναγκαῖαι καὶ δι᾽ ἕτερα αἱρεταὶ αἱ δὲ καθ᾽ αὑτάς, δῆλον ὅτι τὴν εὐδαιμονίαν τῶν καθ᾽ αὑτὰς αἱρετῶν τινα θετέον καὶ οὐ τῶν δι᾽ ἄλλο· οὐδενὸς γὰρ ἐνδεὴς ἡ εὐδαιμονία ἀλλ᾽ αὐτάρκης.

Καθ᾽ αὑτὰς δ᾽ εἰσὶν αἱρεταὶ ἀφ᾽ ὧν μηδὲν ἐπιζητεῖται παρὰ τὴν ἐνέργειαν. Τοιαῦται δ᾽ εἶναι δοκοῦσιν αἱ κατ᾽ ἀρετὴν πράξεις· τὰ γὰρ καλὰ καὶ σπουδαῖα πράττειν τῶν

---

1. Les vertus, dans les sept premiers livres; les différentes sortes d'amitié, dans les livres VIII et IX; les plaisirs, dans la première partie du livre X.

2. Au livre 1er, ch. vii. — Ἕξις, une disposition, une manière d'être passive.

3. « Et sont susceptibles de bien des degrés. » (M. Barthelemy Saint-Hilaire.)

δι' αὐτὰ αἱρετῶν¹. Καὶ τῶν παιδιῶν δὲ αἱ ἡδεῖαι²· οὐ
γὰρ δι' ἕτερα αὐτὰς αἱροῦνται· βλάπτονται γὰρ ἀπ' αὐτῶν μᾶλλον ἢ ὠφελοῦνται³, ἀμελοῦντες τῶν σωμάτων καὶ
τῆς κτήσεως. Καταφεύγουσι δ' ἐπὶ τὰς τοιαύτας διαγωγὰς
τῶν εὐδαιμονιζομένων οἱ πολλοί, διὸ παρὰ τοῖς τυράννοις
εὐδοκιμοῦσιν οἱ ἐν ταῖς τοιαύταις διαγωγαῖς εὐτράπελοι.
Ὧν γὰρ ἐφίενται, ἐν τούτοις παρέχουσι σφᾶς αὐτοὺς ἡδεῖς·
δέονται δὲ τοιούτων⁴.

Δοκεῖ μὲν οὖν εὐδαιμονικὰ ταῦτα εἶναι διὰ τὸ τοὺς ἐν
δυναστείαις ἐν τούτοις ἀποσχολάζειν, οὐδὲν δὲ ἴσως σημεῖον
οἱ τοιοῦτοι εἰσίν· οὐ γὰρ ἐν τῷ δυναστεύειν ἡ ἀρετὴ
οὐδ' ὁ νοῦς, ἀφ' ὧν αἱ σπουδαῖαι ἐνέργειαι⁵· οὐδ' εἰ
ἄγευστοι οὗτοι ὄντες ἡδονῆς εἰλικρινοῦς καὶ ἐλευθερίου
ἐπὶ τὰς σωματικὰς καταφεύγουσιν, διὰ τοῦτο ταύτας οἰητέον αἱρετωτέρας εἶναι· καὶ γὰρ οἱ παῖδες τὰ παρ' αὐτοῖς
τιμώμενα κράτιστα οἴονται εἶναι. Εὔλογον δή, ὥσπερ παισὶ
καὶ ἀνδράσιν ἕτερα φαίνεται τίμια, οὕτω καὶ φαύλοις καὶ
ἐπιεικέσιν.

Καθάπερ οὖν πολλάκις εἴρηται, καὶ τίμια καὶ ἡδέα ἐστὶ
τὰ τῷ σπουδαίῳ τοιαῦτα ὄντα· ἑκάστῳ δὲ ἡ κατὰ τὴν

1. Τῶν δι' αὐτὰ αἱρετῶν, « est compris parmi les choses qu'on
choisit pour elles-mêmes. »
2. « De même, parmi les amusements, ceux qui sont agréables. »
3. La pensée est un peu elliptique; le sens est : ce qui prouve
qu'on les recherche comme fins, non comme moyens, c'est qu'on
néglige pour en jouir sa fortune et sa santé.
4. « Car les flatteurs se rendent agréables dans les choses que
les tyrans désirent, et les tyrans à leur tour ont besoin de gens qui
les amusent. » (M. Barthélemy Saint-Hilaire.)
5. Mêmes remarques sur la bassesse des plaisirs que recherchent d'ordinaire les tyrans, dans le livre I, ch. v.

οἰκείαν ἕξιν αἱρετωτάτη ἐνέργεια, καὶ τῷ σπουδαίῳ δὴ ἡ κατὰ τὴν ἀρετήν. Οὐκ ἐν παιδιᾷ ἄρα ἡ εὐδαιμονία. Καὶ γὰρ ἄτοπον τὸ τέλος εἶναι παιδιάν, καὶ πραγματεύεσθαι καὶ κακοπαθεῖν τὸν βίον ἅπαντα τοῦ παίζειν χάριν. Ἅπαντα γὰρ ὡς εἰπεῖν ἑτέρου ἕνεκα αἱρούμεθα πλὴν τῆς εὐδαιμονίας· τέλος γὰρ αὕτη. Σπουδάζειν δὲ καὶ πονεῖν παιδιᾶς χάριν ἠλίθιον φαίνεται καὶ λίαν παιδικόν· παίζειν δ' ὅπως σπουδάζῃ, κατ' Ἀνάχαρσιν, ὀρθῶς ἔχειν δοκεῖ. Ἀναπαύσει γὰρ ἔοικεν ἡ παιδιά, ἀδυνατοῦντες δὲ συνεχῶς πονεῖν ἀναπαύσεως δέονται. Οὐ δὴ τέλος ἡ ἀνάπαυσις· γίνεται γὰρ ἕνεκα τῆς ἐνεργείας.

Δοκεῖ δ' ὁ εὐδαίμων βίος κατ' ἀρετὴν εἶναι[1]· οὗτος δὲ μετὰ σπουδῆς, ἀλλ' οὐκ ἐν παιδιᾷ. Βελτίω τε λέγομεν τὰ σπουδαῖα τῶν γελοίων καὶ τῶν μετὰ παιδιᾶς, καὶ τοῦ βελτίονος ἀεὶ καὶ μορίου καὶ ἀνθρώπου σπουδαιοτέραν τὴν ἐνέργειαν· ἡ δὲ τοῦ βελτίονος κρείττων καὶ εὐδαιμονικωτέρα ἤδη. Ἀπολαύσειέ τ' ἂν τῶν σωματικῶν ἡδονῶν ὁ τυχὼν καὶ ἀνδράποδον οὐχ ἧττον τοῦ ἀρίστου· εὐδαιμονίας δ' οὐδεὶς ἀνδραπόδῳ μεταδίδωσιν, εἰ μὴ καὶ

---

1. Des considérations analogues sont développées dans la *Politique*, l. IV, ch. ı. « Si l'âme, à parler d'une manière absolue et même relativement à nous, est plus précieuse que la richesse et que le corps, sa perfection et la leur sont dans une relation analogue. Suivant les lois de la nature, tous les biens extérieurs ne sont désirables que dans l'intérêt de l'âme... Ainsi nous regarderons comme un point parfaitement accordé que le bonheur est toujours en proportion de la vertu et de la sagesse... prenant ici pour témoin de nos paroles Dieu lui-même, dont la félicité suprême ne dépend pas de biens extérieurs, mais est toute en lui-même et dans l'essence de sa propre nature. » (Tr. de M. Barthélemy Saint-Hilaire.)

βίου¹. Οὐ γὰρ ἐν ταῖς τοιαύταις διαγωγαῖς ἡ εὐδαιμονία, ἀλλ᾽ ἐν ταῖς κατ᾽ ἀρετὴν ἐνεργείαις, καθάπερ καὶ πρότερον εἴρηται.

1. « A moins qu'on ne dise qu'il participe à la vie. » — « Dans la *Politique* (I, ch. xiii), Aristote dit que l'esclave, en tant qu'il se distingue de l'artisan, est κοινωνὸς ζωῆς, c'est-à-dire vit avec la famille, mais qu'il n'est pas κοινωνὸς βίου, il n'a pas part à la vie politique de son maitre. » (M. Grant.)

CHAPITRE VII

Suite de la théorie du bonheur.
Il consiste principalement dans la philosophie.

Εἰ δ' ἐστὶν ἡ εὐδαιμονία κατ' ἀρετὴν ἐνέργεια, εὔλογον κατὰ τὴν κρατίστην· αὕτη δ' ἂν εἴη τοῦ ἀρίστου[1]. Εἴτε δὴ νοῦς τοῦτο εἴτε ἄλλο τι, ὃ δὴ κατὰ φύσιν δοκεῖ ἄρχειν καὶ ἡγεῖσθαι καὶ ἔννοιαν ἔχειν περὶ καλῶν καὶ θείων, εἴτε θεῖον ὂν καὶ αὐτὸ εἴτε τῶν ἐν ἡμῖν τὸ θειότατον[2], ἡ τούτου ἐνέργεια κατὰ τὴν οἰκείαν ἀρετὴν εἴη ἂν ἡ τελεία εὐδαιμονία[3]. Ὅτι δ' ἐστὶ θεωρητική, εἴρηται[4].

Ὁμολογούμενον δὲ τοῦτ' ἂν δόξειεν εἶναι καὶ τοῖς πρότερον καὶ τῷ ἀληθεῖ· κρατίστη τε γὰρ αὕτη ἐστὶν ἡ ἐνέργεια· καὶ γὰρ ὁ νοῦς τῶν ἐν ἡμῖν, καὶ τῶν γνωστῶν, περὶ ἃ ὁ νοῦς[5]· Ἔτι δὲ συνεχεστάτη· θεωρεῖν τε γὰρ δυνάμεθα συνεχῶς μᾶλλον ἢ πράττειν ὁτιοῦν. Οἰόμεθά τε δεῖν ἡδο-

1. Τοῦ ἀρίστου, de la meilleure partie de notre être.
2. Il semble bien que, pour Aristote, l'intelligence active, νοῦς ποιητικός, soit une manifestation directe de la divinité dans l'homme. C'est la seule puissance de l'âme dont il admet l'immortalité, et même l'éternité, νοῦς χωριστός. (V. *De anima*, l. III, ch. IV, V.)
3. Selon Aristote (*Métaph.*, I, III), la philosophie est divine de deux manières; parce qu'elle convient surtout à Dieu et parce qu'elle est la science des choses divines.
4. Probablement au liv. I, ch. XIII, et au liv. I, ch. V.
5. « Καὶ γὰρ... ὁ νοῦς. « L'entendement étant la plus précieuse des choses qui sont en nous et de toutes celles qui sont accessibles à la connaissance de l'entendement lui-même. » (M. Barthélemy Saint-Hilaire.)

νὴν παρακμεμῖχθαι τῇ εὐδαιμονίᾳ, ἡδίστη δὲ τῶν κατ'
ἀρετὴν ἐνεργειῶν ἡ κατὰ τὴν σοφίαν ὁμολογουμένως ἐστίν·
δοκεῖ γοῦν ἡ φιλοσοφία θαυμαστὰς ἡδονὰς ἔχειν καθαριό-
τητι καὶ τῷ βεβαίῳ, εὔλογον δὲ τοῖς εἰδόσι τῶν ζητούντων
ἡδίω τὴν διαγωγὴν εἶναι.

Ἥ τε λεγομένη αὐτάρκεια περὶ τὴν θεωρητικὴν μάλιστ'
ἂν εἴη· τῶν μὲν γὰρ πρὸς τὸ ζῆν ἀναγκαίων καὶ σοφὸς
καὶ δίκαιος καὶ οἱ λοιποὶ δέονται, τοῖς δὲ τοιούτοις ἱκανῶς
κεχορηγημένων ὁ μὲν δίκαιος δεῖται πρὸς οὓς δικαιοπρα-
γήσει καὶ μεθ' ὧν, ὁμοίως δὲ καὶ ὁ σώφρων καὶ ὁ ἀνδρεῖος
καὶ τῶν ἄλλων ἕκαστος, ὁ δὲ σοφὸς καὶ καθ' αὑτὸν ὢν[1]
δύναται θεωρεῖν, καὶ ὅσῳ ἂν σοφώτερος ᾖ, μᾶλλον· βέλτιον
δ' ἴσως συνεργοὺς ἔχων, ἀλλ' ὅμως αὐταρκέστατος.

Δόξαι τ' ἂν αὐτὴ μόνη δι' αὑτὴν ἀγαπᾶσθαι· οὐδὲν γὰρ
ἀπ' αὐτῆς γίνεται παρὰ τὸ θεωρῆσαι, ἀπὸ δὲ τῶν πρακτικῶν ἢ πλεῖον ἢ ἔλαττον περιποιούμεθα παρὰ τὴν πρᾶξιν.

Δοκεῖ τε ἡ εὐδαιμονία ἐν τῇ σχολῇ εἶναι· ἀσχολούμεθα
γὰρ ἵνα σχολάζωμεν[2], καὶ πολεμοῦμεν ἵνα εἰρήνην ἄγω-
μεν. Τῶν μὲν οὖν πρακτικῶν ἀρετῶν ἐν τοῖς πολιτικοῖς ἢ
ἐν τοῖς πολεμικοῖς ἡ ἐνέργεια· αἱ δὲ περὶ ταῦτα πράξεις
δοκοῦσιν ἄσχολοι εἶναι, αἱ μὲν πολεμικαὶ καὶ παντελῶς,
οὐδεὶς γὰρ αἱρεῖται τὸ πολεμεῖν τοῦ πολεμεῖν ἕνεκα, οὐδὲ
παρασκευάζει πόλεμον· δόξαι γὰρ ἂν παντελῶς μιαιφόνος
τις εἶναι, εἰ τοὺς φίλους πολεμίους ποιοῖτο, ἵνα μάχαι καὶ
φόνοι γίνοιντο.

1. Καθ' αὑτὸν ὤν, étant en soi, enfermé et comme ramassé en soi.
2. Aristote ne veut pas dire que le but de l'activité c'est une
inertie où toute activité serait éteinte; le repos dont il est ici
question est celui de la contemplation, le loisir du philosophe.

Ἔστι δὲ καὶ ἡ τοῦ πολιτικοῦ ἄσχολος, καὶ παρ' αὐτὸ τὸ πολιτεύεσθαι περιποιουμένη δυναστείας καὶ τιμὰς ἢ τήν γε εὐδαιμονίαν αὐτῷ καὶ τοῖς πολίταις, ἑτέραν οὖσαν τῆς πολιτικῆς, ἣν καὶ ζητοῦμεν δῆλον ὡς ἑτέραν οὖσαν[1].

Εἰ δὴ τῶν μὲν κατὰ τὰς ἀρετὰς πράξεων αἱ πολιτικαὶ καὶ πολεμικαὶ κάλλει καὶ μεγέθει προέχουσιν, αὗται δ' ἄσχολοι καὶ τέλους τινὸς ἐφίενται καὶ οὐ δι' αὐτὰς αἱρεταί εἰσιν, ἡ δὲ τοῦ νοῦ ἐνέργεια σπουδῇ τε διαφέρειν δοκεῖ θεωρητικὴ οὖσα, καὶ παρ' αὐτὴν οὐδενὸς ἐφίεσθαι τέλους, ἔχειν τε ἡδονὴν τελείαν οἰκείαν (αὕτη δὲ συναύξει τὴν ἐνέργειαν), καὶ τὸ αὔταρκες δὲ καὶ σχολαστικὸν καὶ ἄτρυ-τον ὡς ἀνθρώπῳ[2] καὶ ὅσα ἄλλα τῷ μακαρίῳ ἀπονέμεται κατὰ ταύτην τὴν ἐνέργειαν φαίνεται ὄντα· ἡ τελεία δὴ εὐδαιμονία αὕτη ἂν εἴη ἀνθρώπου, λαβοῦσα μῆκος βίου τέλειον. Οὐδὲν γὰρ ἀτελές ἐστιν τῶν τῆς εὐδαιμονίας.

Ὁ δὲ τοιοῦτος ἂν εἴη βίος κρείττων ἢ κατ' ἄνθρωπον· οὐ γὰρ ᾗ ἄνθρωπός ἐστιν οὕτως βιώσεται, ἀλλ' ᾗ θεῖόν τι[3] ἐν αὐτῷ ὑπάρχει· ὅσῳ δὲ διαφέρει τοῦτο τοῦ συνθέτου[4], τοσούτῳ καὶ ἡ ἐνέργεια[5] τῆς κατὰ τὴν ἄλλην ἀρετήν. Εἰ

---

1. Aristote veut dire, ce nous semble : Le bonheur que poursuit le politique pour lui-même et pour ses concitoyens n'est pas iden-tique à la science politique; et la preuve, c'est que tout en possé-dant cette science, nous cherchons encore ce que peut être le bon-heur. — La sagesse, σοφία, en produisant le bonheur, se confond avec lui; mais la politique est à l'égard du bonheur dans le rap-port de moyen à fin. Au liv. VI, ch. xii, Aristote a dit : οὐχ ὡς ἰατρικὴ ὑγίειαν, ἀλλ' ὡς ἡ ὑγίεια, οὕτως ἡ σοφία (ποιεῖ) εὐδαιμονίαν.

2. Ὡς ἀνθρώπῳ, autant que le comporte la nature humaine.

3. Ce θεῖόν τι, c'est le νοῦς ποιητικός.

4. Ὅσῳ δὲ διαφέρει... τοῦ συνθέτου, autant cette partie divine l'emporte sur le composé (âme et corps).

5. Ἐνέργεια, s.-ent. τοῦ νοῦ.

δὴ θεῖον ὁ νοῦς πρὸς τὸν ἄνθρωπον, καὶ ὁ κατὰ τοῦτον βίος θεῖος πρὸς τὸν ἀνθρώπινον βίον. Οὐ χρὴ δὲ κατὰ τοὺς παραινοῦντας ἀνθρώπινα φρονεῖν ἄνθρωπον ὄντα οὐδὲ θνητὰ τὸν θνητόν[1], ἀλλ' ἐφ' ὅσον ἐνδέχεται ἀθανατίζειν καὶ πάντα ποιεῖν πρὸς τὸ ζῆν κατὰ τὸ κράτιστον τῶν ἐν αὐτῷ· εἰ γὰρ καὶ τῷ ὄγκῳ[2] μικρόν ἐστι, δυνάμει καὶ τιμιότητι πολὺ μᾶλλον πάντων ὑπερέχει.

Δόξειε δ' ἂν καὶ εἶναι ἕκαστος τοῦτο[3], εἴπερ τὸ κύριον

1. « Οὐ χρὴ... θνητόν. « Il ne faut pas (vivre ou penser) d'après ceux qui conseillent, etc. » Allusion à un vers d'Épicharme : θνατὰ χρὴ τὸν θνατὸν φρονεῖν.

2. Ὄγκῳ; Aristote ne veut pas dire que le νοῦς est matériel, mais que la contemplation intellectuelle ne peut occuper que peu d'instants dans le cours de notre vie terrestre. M. Grant rapproche ce passage de Politiq., VIII, v : ἐν μὲν τῷ τέλει συμβαίνει τοῖς ἀν-θρώποις ὀλιγάκις γίγνεσθαι; et des lignes suivantes de Spinoza : « L'amour qui a pour objet quelque chose d'éternel et d'infini nourrit notre âme d'une joie pure et sans mélange de tristesse, et c'est vers ce bien si digne d'envie que doivent tendre tous nos efforts... Je voyais que mon esprit, en se tournant vers ces pensées, se détournait des passions et méditait sérieusement une règle nouvelle; ... et bien que, dans le commencement, ces moments fussent rares et de courte durée; cependant, à mesure qne la nature du vrai bien me fut mieux connue, ils devinrent et plus longs et plus fréquents. » (De la réforme de l'entendement, tr. Saisset, p. 300.) — « Nous avons quelque expérience de la vie céleste, dit Bossuet, lorsque quelque vérité illustre nous apparait et que, contemplant la nature, nous admirons la sagesse qui a tout fait dans un si bel ordre. » — Mais Bossuet reconnait que la contemplation purement intellectuelle est rare en cette vie, « quoique cela puisse être durant de certains moments, dans les esprits élevés à une haute contemplation, néanmoins cet état est fort rare, etc. » Connaiss. de Dieu, ch. i, § 10 et ch. iii, § 14.) — Leibniz parle de même « d'une méditation profonde qui nous fait jouir de la vue des idées de Dieu;» mais il avoue que cela n'arrive que pour un petit nom-bre d'objets.

3. Εἶναι ἕκαστος τοῦτο; c'est ce principe qui constitue l'indivi-dualité de chacun.

καὶ ἄμεινον· ἄτοπον οὖν γίνοιτ' ἄν, εἰ μὴ τὸν αὐτοῦ βίον αἱροῖτο ἀλλά τινος ἄλλου. Τὸ λεχθέν τε πρότερον ἁρμόσει καὶ νῦν· τὸ γὰρ οἰκεῖον ἑκάστῳ τῇ φύσει κράτιστον καὶ ἥδιστόν ἐστιν ἑκάστῳ. Καὶ τῷ ἀνθρώπῳ δὴ ὁ κατὰ τὸν νοῦν βίος, εἴπερ τοῦτο μάλιστα ἄνθρωπος· οὗτος ἄρα καὶ εὐδαιμονέστατος.

CHAPITRE VIII

Suite de la théorie du bonheur. — Le second degré du bonheur, ou l'exercice des vertus morales.

Δευτέρως[1] δ' ὁ κατὰ τὴν ἄλλην ἀρετήν· αἱ γὰρ κατὰ ταύτην ἐνέργειαι ἀνθρωπικαί· δίκαια γὰρ καὶ ἀνδρεῖα καὶ τὰ ἄλλα τὰ κατὰ τὰς ἀρετὰς πρὸς ἀλλήλους πράττομεν ἐν συναλλάγμασιν καὶ χρείαις καὶ πράξεσι παντοίαις ἔν τε τοῖς πάθεσι διατηροῦντες τὸ πρέπον ἑκάστῳ[2], ταῦτα δ' εἶναι φαίνεται πάντα ἀνθρωπικά. Ἔνια δὲ καὶ συμβαίνειν ἀπὸ τοῦ σώματος δοκεῖ, καὶ πολλὰ συνῳκειῶσθαι τοῖς πάθεσιν ἡ τοῦ ἤθους ἀρετή[3].

Συνέζευκται δὲ καὶ ἡ φρόνησις τῇ τοῦ ἤθους ἀρετῇ, καὶ αὕτη τῇ φρονήσει, εἴπερ αἱ μὲν τῆς φρονήσεως ἀρχαὶ κατὰ τὰς ἠθικάς εἰσιν ἀρετάς, τὸ δ' ὀρθὸν τῶν ἠθικῶν κατὰ τὴν φρόνησιν[4]. Συνηρτημέναι δ' αὗται καὶ τοῖς πά-

---

1. Δευτέρως. En second lieu, le bonheur est... le second degré de bonheur est, etc.

2. Ἔν τε τοῖς πάθεσι... ἑκάστῳ, « comme nous cherchons aussi, en fait de sentiments, à rendre à chacun ce qui lui est dû. » (M. Barthélemy Saint-Hilaire.)

3. Ἡ τοῦ ἤθους ἀρετή, la vertu morale (qui appartient à l'âme) est étroitement liée avec les passions (phénomènes qui s'accomplissent dans le corps).

4. Συνέζευκται δὲ καὶ ἡ φρόνησις... κατὰ τὴν φρόνησιν. Φρόνησις désigne ici la vertu intellectuelle de la prudence; c'est la pensée appliquée à la pratique, aux détails et aux faits particuliers. Elle fournit à la vertu morale les prémisses (ἀρχαί), c'est-à-dire les réflexions, les observations conformément auxquelles il convient

θεσι περὶ τὸ σύνθετον ἂν εἶεν· αἱ δὲ τοῦ συνθέτου ἀρεταὶ
ἀνθρωπικαί. Καὶ ὁ βίος δὴ ὁ κατὰ ταύτας καὶ ἡ εὐδαιμονία. Ἡ δὲ τοῦ νοῦ κεχωρισμένη· τοσοῦτον γὰρ περὶ αὐτῆς εἴρηται· διακριβῶσαι γὰρ μεῖζον τοῦ προκειμένου ἐστίν.

Δόξειε δ' ἂν καὶ τῆς ἐκτὸς χορηγίας ἐπὶ μικρὸν ἢ ἐπ'
ἔλαττον δεῖσθαι τῆς ἠθικῆς¹. Τῶν μὲν γὰρ ἀναγκαίων
ἀμφοῖν χρεία καὶ ἐξ ἴσου ἔστω, εἰ καὶ μᾶλλον διαπονεῖ
περὶ τὸ σῶμα ὁ πολιτικός², καὶ ὅσα τοιαῦτα (μικρὸν γὰρ
ἄν τι διαφέροι)· πρὸς δὲ τὰς ἐνεργείας πολὺ διοίσει. Τῷ
μὲν γὰρ ἐλευθερίῳ³ δεήσει χρημάτων πρὸς τὸ πράττειν τὰ
ἐλευθέρια, καὶ τῷ δικαίῳ δὴ εἰς τὰς ἀνταποδόσεις (αἱ γὰρ
βουλήσεις ἄδηλοι, προσποιοῦνται δὲ καὶ οἱ μὴ δίκαιοι
βούλεσθαι δικαιοπραγεῖν), τῷ ἀνδρείῳ δὲ δυνάμεως⁴, εἴπερ
ἐπιτελεῖ⁵ τι τῶν κατὰ τὴν ἀρετήν, καὶ τῷ σώφρονι ἐξουσίας. Πῶς γὰρ δῆλος ἔσται ἢ οὗτος ἢ τῶν ἄλλων τις⁶;

---

d'agir. L'activité morale, quand elle ne s'égare pas (τὸ δ' ὀρθὸν
τῶν ἠθικῶν), est donc d'accord avec la prudence. — Φρόνησις se
distingue de σοφία, vertu intellectuelle supérieure. V. Introduction, p. 17.

1. « Le bonheur de l'intelligence ne semble presque pas exiger
de biens extérieurs, ou plutôt il lui en faut beaucoup moins qu'au
bonheur résultant de la vertu morale. » (M. Barthélemy Saint-
Hilaire.)

2. Ὁ πολιτικός; il ne s'agit pas de l'homme politique au sens
restreint du mot, mais de l'homme qui pratique les vertus morales, en opposition avec σοφός, l'homme de la vertu intellectuelle
ou contemplative.

3. Ἐλευθερίῳ, libéral, généreux.

4. Δυνάμεως, de force physique. Le courage militaire, dans l'antiquité, n'était guère possible sans la vigueur corporelle.

5. Εἴπερ ἐπιτελεῖ, s'il veut accomplir.

6. Τῷ σώφρονι ἐξουσίας... ἄλλων τις; « le tempérant a besoin de
moyens de se procurer des plaisirs, car autrement comment sau-
rait-on qu'il est tel (tempérant) et non autre ! »

Ἀμφισβητεῖταί τε πότερον κυριώτερον τῆς ἀρετῆς ἡ προαίρεσις ἢ αἱ πράξεις, ὡς ἐν ἀμφοῖν οὔσης· τὸ δὴ τέλειον[1] δῆλον ὡς ἐν ἀμφοῖν ἂν εἴη· πρὸς δὲ τὰς πράξεις πολλῶν δεῖται καὶ ὅσῳ ἂν μείζους ὦσιν καὶ καλλίους, πλειόνων. Τῷ δὲ θεωροῦντι οὐδενὸς τῶν τοιούτων πρός γε τὴν ἐνέργειαν χρεία, ἀλλ' ὡς εἰπεῖν καὶ ἐμπόδιά ἐστιν πρός γε τὴν θεωρίαν· ἢ δ' ἄνθρωπός ἐστιν καὶ πλείοσι συζῇ, αἱρεῖται τὰ κατὰ τὴ ἀρετὴν πράττειν· δεήσεται οὖν τῶν τοιούτων πρὸς τὸ ἀνθρωπεύεσθαι.

Ἡ δὲ τελεία εὐδαιμονία ὅτι θεωρητική τίς ἐστιν ἐνέργεια, καὶ ἐντεῦθεν ἂν φανείη· τοὺς θεοὺς γὰρ μάλιστα ὑπειλήφαμεν μακαρίους καὶ εὐδαίμονας εἶναι· πράξεις δὲ ποίας ἀπονεῖμαι χρεὼν αὐτοῖς; πότερα τὰς δικαίας; ἢ γελοῖοι φανοῦνται συναλλάττοντες καὶ παρακαταθήκας ἀποδιδόντες καὶ ὅσα τοιαῦτα; ἀλλὰ τὰς ἀνδρείους, ὑπομένοντας τὰ φοβερὰ καὶ κινδυνεύοντας ὅτι καλόν[2]; ἢ τὰς ἐλευθερίους; τίνι δὲ δώσουσιν; ἄτοπον δ' εἰ καὶ ἔσται αὐτοῖς νόμισμα ἤ τι τοιοῦτον. Αἱ δὲ σώφρονες τί ἂν εἶεν; ἢ φορτικὸς ὁ ἔπαινος, ὅτι οὐκ ἔχουσιν φαύλας ἐπιθυμίας; διεξιοῦσι δὲ πάντα φαίνοιτ' ἂν τὰ περὶ τὰς πράξεις μικρὰ καὶ ἀνάξια θεῶν. Ἀλλὰ μὴν ζῆν τε πάντες ὑπειλήφασιν αὐτούς, καὶ ἐνεργεῖν ἄρα· οὐ γὰρ δὴ καθεύδειν ὥσπερ τὸν Ἐνδυμίωνα[3].

1. Τὸ δὴ τέλειον, la vertu parfaite.
2. Ὅτι καλόν, parce que cela est beau.
3. Aristote combat ici l'anthropomorphisme qui attribue à Dieu des vertus purement humaines. Mais on peut se demander si la pensée pure, qui est selon lui (Métaph., XII) l'essence de la divinité, n'implique pas aussi quelque analogie avec l'activité humaine. Si Dieu ressemble au philosophe, ou le philosophe à Dieu, pour-

Τῷ δὲ ζῶντι τοῦ πράττειν ἀφαιρουμένου, ἔτι δὲ μᾶλ-λον τοῦ ποιεῖν¹, τί λείπεται πλὴν θεωρία; ὥστε ἡ τοῦ θεοῦ ἐνέργεια, μακαριότητι διαφέρουσα, θεωρητικὴ ἂν εἴη. Καὶ τῶν ἀνθρωπίνων δὴ ἡ ταύτῃ συγγενεστάτη εὐδαιμονικω-τάτη.

Σημεῖον δὲ καὶ τὸ μὴ μετέχειν τὰ λοιπὰ ζῷα εὐδαι-μονίας, τῆς τοιαύτης ἐνεργείας ἐστερημένα τελείως. Τοῖς μὲν γὰρ θεοῖς ἅπας ὁ βίος μακάριος, τοῖς δ' ἀνθρώποις, ἐφ' ὅσον ὁμοίωμά τι τῆς τοιαύτης ἐνεργείας ὑπάρχει· τῶν δ' ἄλλων ζῴων οὐδέν εὐδαιμονεῖ, ἐπειδὴ οὐδαμῇ κοινωνεῖ θεωρίας. Ἐφ' ὅσον δὴ διατείνει² ἡ θεωρία, καὶ ἡ εὐδαι-μονία, καὶ οἷς μᾶλλον ὑπάρχει τὸ θεωρεῖν, καὶ εὐδαιμο-νεῖν, οὐ κατὰ συμβεβηκὸς ἀλλὰ κατὰ τὴν θεωρίαν· αὕτη γὰρ καθ' αὑτὴν τιμία. Ὥστ' εἴη ἂν ἡ εὐδαιμονία θεωρία τις.

quoi la même ressemblance n'existerait-elle pas entre l'homme vertueux et la divinité? Pourquoi dépouiller celle-ci des attributs moraux?

1. Πράττειν, agir; ποιεῖν, faire quelque chose (d'extérieur).

2. Ἐφ' ὅσον δὴ διατείνει ἡ θεωρία, plus la contemplation est in-tense, ou profonde.

CHAPITRE IX

Des conditions du bonheur.

Δεήσει δὲ καὶ τῆς ἐκτὸς εὐημερίας ἀνθρώπῳ ὄντι· οὐ γὰρ αὐτάρκης ἡ φύσις πρὸς τὸ θεωρεῖν, ἀλλὰ δεῖ καὶ τὸ σῶμα ὑγιαίνειν καὶ τροφὴν καὶ τὴν λοιπὴν θεραπείαν ὑπάρχειν. Οὐ μὴν οἰητέον γε πολλῶν καὶ μεγάλων δεήσεσθαι τὸν εὐδαιμονήσοντα, εἰ μὴ ἐνδέχεται ἄνευ τῶν ἐκτὸς ἀγαθῶν μακάριον εἶναι· οὐ γὰρ ἐν τῇ ὑπερβολῇ τὸ αὔταρκες οὐδ' ἡ πρᾶξις, δυνατὸν δὲ καὶ μὴ ἄρχοντα γῆς καὶ θαλάττης πράττειν τὰ καλά¹· καὶ γὰρ ἀπὸ μετρίων δύναιτ' ἄν τις πράττειν κατὰ τὴν ἀρετήν.

Τοῦτο δ' ἔστιν ἰδεῖν ἐναργῶς· οἱ γὰρ ἰδιῶται τῶν δυναστῶν οὐχ ἧττον δοκοῦσι τὰ ἐπιεικῆ πράττειν, ἀλλὰ καὶ μᾶλλον. Ἱκανὸν δὲ τοσαῦτα ὑπάρχειν· ἔσται γὰρ ὁ βίος εὐδαίμων τοῦ κατὰ τὴν ἀρετὴν ἐνεργοῦντος. Καὶ Σόλων δὲ τοὺς εὐδαίμονας ἴσως ἀπεφαίνετο καλῶς, εἰπὼν μετρίως τοῖς ἐκτὸς κεχορηγημένους, πεπραγότας δὲ τὰ κάλλισθ', ὡς ᾤετο, καὶ βεβιωκότας σωφρόνως². Ἐνδέχεται γὰρ μέτρια

---

1. Aristote exprime fréquemment son mépris pour les tyrans. Il a dit plus haut (ch. vii) οὐ γὰρ ἐν τῷ δυναστεύειν ἡ ἀρετὴ οὐδ' ὁ νοῦς. — De même dans la *Politique*. On connaît les peintures énergiques que fait Platon du faux bonheur des tyrans (*Gorgias, Répub.*, IX).

2. Allusion à l'histoire rapportée par Hérodote, *Clio*, ch. xxx. Solon vante à Crésus le bonheur d'un obscur citoyen d'Athènes, Tellus, l'homme le plus heureux qu'il ait connu, parce qu'il a

κεκτημένους πράττειν ἃ δεῖ. Ἔοικεν δὲ καὶ Ἀναξαγόρας οὐ πλούσιον οὐδὲ δυνάστην ὑπολαβεῖν τὸν εὐδαίμονα, εἰπὼν ὅτι οὐκ ἂν θαυμάσειεν εἴ τις ἄτοπος φανείη[1] τοῖς πολλοῖς· οὗτοι γὰρ κρίνουσιν τοῖς ἐκτός, τούτων αἰσθανόμενοι μόνον.

Συμφωνεῖν δὴ τοῖς λόγοις[2] ἐοίκασιν αἱ τῶν σοφῶν δόξαι. Πίστιν μὲν οὖν καὶ τὰ τοιαῦτα ἔχει τινά, τὸ δ' ἀληθὲς ἐν τοῖς πρακτοῖς ἐκ τῶν ἔργων καὶ τοῦ βίου κρίνεται· ἐν τούτοις γὰρ τὸ κύριον. Σκοπεῖν δὴ τὰ προειρημένα χρὴ ἐπὶ τὰ ἔργα καὶ τὸν βίον ἐπιφέροντας, καὶ συνᾳδόντων μὲν τοῖς ἔργοις ἀποδεκτέον, διαφωνούντων δὲ λόγους ὑποληπτέον[3].

Ὁ δὲ κατὰ νοῦν ἐνεργῶν καὶ τοῦτον θεραπεύων καὶ διακείμενος ἄριστα καὶ θεοφιλέστατος[4] ἔοικεν· εἰ γάρ τις ἐπιμέλεια τῶν ἀνθρωπίνων ὑπὸ θεῶν γίνεται, ὥσπερ δοκεῖ[5],

vécu entouré de nombreux enfants et petits-enfants, et qu'il est mort glorieusement, pour sa patrie, dans un combat.

1. Εἴ τις ἄτοπος φανείη, lorsqu'il disait qu'il ne s'étonnerait pas si (l'homme heureux selon son opinion) paraissait étrange au vulgaire. Le mot d'Anaxagore est cité dans la *Morale à Eudème*, ch. v.

2. Avec nos discours, nos théories.

3. La morale, pour Aristote, est chose pratique; aussi est-ce à l'expérience et à la pratique qu'il en appelle toujours en dernier ressort.

4. Θεοφιλέστατος, le plus aimé des dieux. Même idée dans Platon, *Répub.*, X. « Les dieux ne sauraient négliger quiconque s'efforce de devenir juste et de se rendre par la pratique de la vertu aussi semblable à la divinité qu'il a été donné à l'homme. » (Tr. Cousin, t. X, p. 277.) Seulement Platon considère comme particulièrement aimé des dieux l'homme qui pratique les vertus morales; Aristote réserve ce privilège au philosophe contemplatif. Le Dieu d'Aristote n'est qu'une pensée qui se pense; le Dieu de Platon est la Bonté souveraine. De là la différence.

5. C'est une opinion qu'Aristote ne donne pas pour sienne. Le dogme d'une Providence active est en effet difficilement concilia-

καὶ εἴη ἂν εὔλογον χαίρειν τε αὐτοὺς τῷ ἀρίστῳ καὶ τῷ συγγενεστάτῳ (τοῦτο δ' ἂν εἴη ὁ νοῦς) καὶ τοὺς ἀγαπῶντας μάλιστα τοῦτο καὶ τιμῶντας ἀντευποιεῖν ὡς τῶν φίλων αὐτοῖς ἐπιμελουμένους[1] καὶ ὀρθῶς τε καὶ καλῶς πράττοντας. Ὅτι δὲ πάντα ταῦτα τῷ σοφῷ μάλιστ' ὑπάρχει, οὐκ ἄδηλον. Θεοφιλέστατος ἄρα. Τὸν αὐτὸν δ' εἰκὸς καὶ εὐδαιμονέστατον· ὥστε κἂν οὕτως εἴη ὁ σοφὸς μάλιστ' εὐδαίμων.

ble avec la Théodicée du XIIᵉ livre de la *Métaphysique*. Aristote se place ici au point de vue populaire et exotérique, comme plus haut, quand il parle des dieux.

1. Τῶν φίλων αὐτοῖς ἐπιμελουμένους, prenant soin des choses qu'ils (les dieux) aiment.

CHAPITRE X

Impuissance de la théorie pour la pratique. — Influence de la nature, de l'enseignement, de la législation.

Ἆρ' οὖν εἰ περί τε τούτων[1] καὶ τῶν ἀρετῶν, ἔτι δὲ καὶ φιλίας καὶ ἡδονῆς ἱκανῶς εἴρηται τοῖς τύποις, τέλος ἔχειν οἰητέον τὴν προαίρεσιν[2]; ἢ καθάπερ λέγεται, οὐκ ἔστιν ἐν τοῖς πρακτοῖς τέλος τὸ θεωρῆσαι ἕκαστα καὶ γνῶναι, ἀλλὰ μᾶλλον τὸ πράττειν αὐτά; οὐδὲ δὴ περὶ ἀρετῆς[3] ἱκανὸν τὸ εἰδέναι[4], ἀλλ' ἔχειν καὶ χρῆσθαι πειρατέον, ἢ εἴ πως ἄλλως ἀγαθοὶ γινόμεθα[5].

Εἰ μὲν οὖν ἦσαν οἱ λόγοι αὐτάρκεις πρὸς τὸ ποιῆσαι ἐπιεικεῖς, πολλοὺς ἂν μισθοὺς καὶ μεγάλους δικαίως ἔφερον κατὰ τὸν Θέογνιν[6], καὶ εἴδει ἂν τούτους πορίσασθαι· νῦν δὲ φαίνονται προτρέψασθαι μὲν καὶ παρορμῆσαι τῶν νέων τοὺς ἐλευθερίους ἰσχύειν, ἦθός τ' εὐγενὲς καὶ ὡς ἀλη-

1. Τούτων, les choses qui concernent le bonheur.
2. Προαίρεσιν, notre entreprise.
3. Πράττειν — ἀρετῆς. L'action comprend aussi la pensée spéculative; et la vertu enveloppe la sagesse (σοφία).
4. Allusion à cette doctrine de Socrate et de Platon, que la science est la vertu.
5. Ἢ εἴ πως ἄλλως ἀγαθοὶ γινόμεθα, « ou de trouver tel autre moyen de devenir vertueux ».
6. Allusion à ces vers de Théognis :

> Εἰ δ' Ἀσκληπιάδαις τοῦτο ἔδωκε θεός,
> Ἰᾶσθαι κακότητα καὶ ἀτηρὰς φρένας ἀνδρῶν
> Πολλοὺς ἂν μισθοὺς καὶ μεγάλους ἔφερον.

Le dernier vers est cité par Platon (*Ménon*), pour établir que, selon Théognis, on ne peut enseigner la vertu. (Trad. Cousin, t. VI, p. 217.)

θῶς φιλόκαλον ποιῆσαι ἂν κατακώχιμον[1] ἐκ τῆς ἀρετῆς,
τοὺς δὲ πολλοὺς ἀδυνατεῖν πρὸς καλοκαγαθίαν προτρέψασ-
θαι· οὐ γὰρ πεφύκασιν αἰδοῖ πειθαρχεῖν ἀλλὰ φόβῳ, οὐδὲ
ἀπέχεσθαι τῶν φαύλων διὰ τὸ αἰσχρὸν ἀλλὰ διὰ τὰς τιμω-
ρίας· πάθει γὰρ ζῶντες τὰς οἰκείας ἡδονὰς διώκουσιν καὶ
δι’ ὧν αὗται ἔσονται[2], φεύγουσι δὲ τὰς ἀντικειμένας λύπας,
τοῦ δὲ καλοῦ καὶ ὡς ἀληθῶς ἡδέος οὐδ’ ἔννοιαν ἔχουσιν,
ἄγευστοι ὄντες. Τοὺς δὴ τοιούτους τίς ἂν λόγος μεταρρυθ-
μίσαι; οὐ γὰρ οἷόν τε ἢ οὐ ῥάδιον τὰ ἐκ παλαιοῦ τοῖς
ἤθεσι[3] κατειλημμένα λόγῳ μεταστῆσαι. Ἀγαπητὸν δ’ ἴσως
ἐστὶν εἰ πάντων ὑπαρχόντων δι’ ὧν ἐπιεικεῖς δοκοῦμεν
γίνεσθαι, μεταλάβοιμεν τῆς ἀρετῆς.

Γίνεσθαι δ’ ἀγαθοὺς οἴονται οἱ μὲν φύσει οἱ δ’ ἔθει οἱ
δὲ διδαχῇ. Τὸ μὲν οὖν τῆς φύσεως δῆλον ὡς οὐκ ἐφ’ ἡμῖν
ὑπάρχει, ἀλλὰ διά τινας θείας αἰτίας τοῖς ὡς ἀληθῶς
εὐτυχέσιν[4] ὑπάρχει· ὁ δὲ λόγος καὶ ἡ διδαχὴ μή ποτ’
οὐκ ἐν ἅπασιν ἰσχύει, ἀλλὰ δεῖ προδιειργάσθαι τοῖς ἔθεσι
τὴν τοῦ ἀκροατοῦ ψυχὴν πρὸς τὸ καλῶς χαίρειν καὶ μισεῖν,
ὥσπερ γῆν τὴν θρέψουσαν τὸ σπέρμα. Οὐ γὰρ ἂν ἀκούσειεν
λόγου ἀποτρέποντος οὐδ’ αὖ συνείη ὁ κατὰ πάθος ζῶν· τὸν
δ’ οὕτως ἔχοντα πῶς οἷόν τε μεταπεῖσαι; ὅλως τε οὐ
δοκεῖ λόγῳ ὑπείκειν τὸ πάθος ἀλλὰ βίᾳ.

1. Κατακώχιμον ἐκ τῆς ἀρετῆς, sous l'influence de la vertu. Quel
ques éditions donnent κατοκώχιμον; la leçon κατακώχιμον nous
semble préférable (de κατέχω).
2. Δι’ ὧν αὗται ἔσονται, les choses qui pourront leur procurer
ces plaisirs.
3. Τοῖς ἤθεσι, le caractère.
4. Εὐτυχέσι désigne cette part du bonheur qui n'est pas l'œuvre
de l'homme, mais celle de la divinité en lui. Ce sont les dispositions vertueuses que certains apportent en naissant; nous dirions
aujourd'hui qu'ils les tiennent de l'hérédité.

Δεῖ δὴ τὸ ἦθος προϋπάρχειν πως οἰκεῖον τῆς ἀρετῆς, στέργον τὸ καλὸν καὶ δυσχεραῖνον τὸ αἰσχρόν. Ἐκ νέου δ' ἀγωγῆς ὀρθῆς τυχεῖν πρὸς ἀρετὴν χαλεπὸν μὴ ὑπὸ τοιούτοις τραφέντα νόμοις· τὸ γὰρ σωφρόνως καὶ καρτερικῶς ζῆν οὐχ ἡδὺ τοῖς πολλοῖς, ἄλλως τε καὶ νέοις. Διὸ νόμοις δεῖ τετάχθαι τὴν τροφὴν καὶ τὰ ἐπιτηδεύματα· οὐκ ἔσται γὰρ λυπηρὰ συνήθη γινόμενα. Οὐχ ἱκανὸν δ' ἴσως νέους ὄντας τροφῆς καὶ ἐπιμελείας τυχεῖν ὀρθῆς, ἀλλ' ἐπειδὴ καὶ ἀνδρωθέντας δεῖ ἐπιτηδεύειν αὐτὰ καὶ ἐθίζεσθαι, καὶ περὶ ταῦτα δεοίμεθ' ἂν νόμων, καὶ ὅλως δὴ περὶ πάντα τὸν βίον[1]. Οἱ γὰρ πολλοὶ ἀνάγκῃ μᾶλλον ἢ λόγῳ πειθαρχοῦσιν καὶ ζημίαις ἢ τῷ καλῷ.

Διόπερ οἴονταί τινες[2] τοὺς νομοθετοῦντας δεῖν μὲν παρακαλεῖν ἐπὶ τὴν ἀρετὴν καὶ προτρέπεσθαι τοῦ καλοῦ χάριν, ὡς ἐπακουσομένων τῶν ἐπιεικῶς τοῖς ἔθεσι προηγμένων, ἀπειθοῦσι δὲ καὶ ἀφυεστέροις οὖσιν κολάσεις τε καὶ τιμωρίας ἐπιτιθέναι, τοὺς δ' ἀνιάτους ὅλως ἐξορίζειν· τὸν μὲν γὰρ ἐπιεικῆ καὶ πρὸς τὸ καλὸν ζῶντα τῷ λόγῳ πειθαρχήσειν, τὸν δὲ φαῦλον ἡδονῆς ὀρεγόμενον λύπῃ κολάζεσθαι ὥσπερ ὑποζύγιον. Διὸ καί φασι δεῖν τοιαύτας γίνεσθαι τὰς λύπας αἳ μάλιστ' ἐναντιοῦνται ταῖς ἀγαπωμέναις ἡδοναῖς.

Εἰ δ' οὖν, καθάπερ εἴρηται, τὸν ἐσόμενον ἀγαθὸν τραφῆναι καλῶς δεῖ καὶ ἐθισθῆναι, εἶθ' οὕτως ἐν ἐπιτηδεύμα-

1. C'est aussi la doctrine de Platon. La loi doit régler, jusque dans les détails, la vie privée des citoyens.

2. Τινες, Platon, sans doute. (V. les *Lois*, l. IV, trad. Cousin, t. VII, p. 239.) « Je voudrais que nos citoyens se portassent avec toute la docilité possible à la pratique de la vertu; et il est évident que c'est à quoi la législation tâchera de les amener dans toute la suite de ses lois. »

σιν ἐπιεικέσι ζῆν καὶ μήτ’ ἄκοντα μήθ’ ἑκοντα πράττειν τὰ φαῦλα, ταῦτα δὲ γίνοιτ’ ἂν βιουμένοις κατά τινα νοῦν καὶ τάξιν ὀρθήν, ἔχουσαν ἰσχύν· ἡ μὲν οὖν πατρικὴ πρόσταξις οὐκ ἔχει τὸ ἰσχυρὸν οὐδὲ τὸ ἀναγκαῖον, οὐδὲ δὴ ὅλως ἡ ἑνὸς ἀνδρός, μὴ βασιλέως ὄντος[1] ἤ τινος τοιούτου, ὁ δὲ νόμος ἀναγκαστικὴν ἔχει δύναμιν, λόγος ὢν ἀπό τινος φρονήσεως καὶ νοῦ. Καὶ τῶν μὲν ἀνθρώπων ἐχθαίρουσι τοὺς ἐναντιουμένους ταῖς ὁρμαῖς, κἂν ὀρθῶς αὐτὸ δρῶσιν· ὁ δὲ νόμος οὐκ ἔστιν ἐπαχθὴς τάττων τὸ ἐπιεικές.

Ἐν μόνῃ δὲ τῇ Λακεδαιμονίων πόλει μετ’ ὀλίγων ὁ νομοθέτης ἐπιμέλειαν δοκεῖ πεποιῆσθαι τροφῆς τε καὶ ἐπιτηδευμάτων· ἐν δὲ ταῖς πλείσταις τῶν πόλεων ἐξημέληται περὶ τῶν τοιούτων, καὶ ζῇ ἕκαστος ὡς βούλεται, κυκλωπικῶς[2] θεμιστεύων παίδων ἠδ’ ἀλόχου. Κράτιστον μὲν οὖν τὸ γίνεσθαι κοινὴν ἐπιμέλειαν καὶ ὀρθὴν καὶ δρᾶν αὐτὸ δύνασθαι[3]· κοινῇ δ’ ἐξαμελουμένων[4] ἑκάστῳ δόξειεν ἂν προσήκειν τοῖς σφετέροις τέκνοις καὶ φίλοις εἰς ἀρετὴν συμβάλλεσθαι, ἢ προαιρεῖσθαί γε[5].

1. Μὴ βχσιλέως ὄντος, à moins qu'il ne soit roi.

2. Κυκλωπι ·. Allusion aux vers d'Homère (*Odyss.*, IX, 114) parlant des cyclopes :

> θεμιστεύει δὲ ἕκαστος
> παίδων ἠδ’ ἀλόχων, οὐδ’ ἀλλήλων ἀλέγουσιν.

Aristote manifeste ici visiblement sa préférence pour la législation de Sparte. Nous n'avons pas besoin de faire observer combien nos idées modernes sur le rôle de l'État et de la loi sont opposées à celles du philosophe grec.

3. Δρᾶν αὐτὸ δύ/ασθαι, s'oppose à ce qui est dit plus haut de la puissance paternelle : Ἡ μὲν οὖν πατρικὴ πρόσταξις οὐκ ἔχει τὸ ἰσχυρόν.

4. Κοινῇ δ’ ἐξαμελουμένων, « partout où ce soin commun est négligé ». (M. Barthélemy Saint-Hilaire.)

5. Ἡ προαιρεῖσθαί γε, « ou du moins d'en avoir la ferme intention ». (M. Barthélemy Saint-Hilaire.)

Μάλιστα δ' ἂν τοῦτο δύνασθαι δόξειεν ἐκ τῶν εἰρημέν-
νων νομοθετικὸς γενόμενος[1]· αἱ μὲν γὰρ κοιναὶ ἐπιμέλειαι
δῆλον ὅτι διὰ νόμων γίνονται, ἐπιεικεῖς δὲ αἱ διὰ τῶν
σπουδαίων. Γεγραμμένων δ' ἢ ἀγράφων, οὐδὲν ἂν δόξειε
διαφέρειν, οὐδὲ δι' ὧν εἷς ἢ πολλοὶ παιδευθήσονται, ὥσπερ
οὐδ' ἐπὶ μουσικῆς καὶ γυμναστικῆς καὶ τῶν ἄλλων ἐπιτη-
δευμάτων. Ὥσπερ γὰρ ἐν ταῖς πόλεσιν ἐνισχύει τὰ νόμιμα
καὶ τὰ ἔθη, οὕτως καὶ ἐν οἰκίαις οἱ πατρικοὶ λόγοι καὶ τὰ
ἔθη, καὶ ἔτι μᾶλλον διὰ τὴν συγγένειαν καὶ τὰς εὐεργεσίας·
προϋπάρχουσι γὰρ στέργοντες καὶ εὐπειθεῖς τῇ φύσει.

Ἔτι δὲ καὶ διαφέρουσιν αἱ καθ' ἕκαστον παιδεῖαι τῶν
κοινῶν, ὥσπερ ἐπ' ἰατρικῆς· καθόλου μὲν γὰρ τῷ πυρέττοντι συμφέρει ἡσυχία καὶ ἀσιτία, τινὶ δ' ἴσως οὔ, ὅ τε
πυκτικὸς ἴσως οὐ πᾶσι τὴν αὐτὴν μάχην περιτίθησιν.
Ἐξακριβοῦσθαι δὴ δόξειεν ἂν μᾶλλον τὸ καθ' ἕκαστον ἰδίας
τῆς ἐπιμελείας γινομένης· μᾶλλον γὰρ τοῦ προσφόρου
τυγχάνει ἕκαστος[2]. Ἀλλ' ἐπιμεληθείη μὲν ἂν ἄριστα καθ'
ἓν καὶ ἰατρὸς καὶ γυμναστὴς καὶ πᾶς ἄλλος ὁ τὸ καθόλου
εἰδώς, ὅτι πᾶσιν ἢ τοῖς τοιοῖσδε[3]· τοῦ κοινοῦ γὰρ αἱ ἐπιστῆμαι λέγονταί τε καὶ εἰσίν.

1. **Νομοθετικὸς γενόμενος**, après avoir appris les principes de la
législation. « Aristote considérait (v. *Mor. à Nic.*, VI, ch. VIII) la
législation comme la forme supérieure (ἀρχιτεκτονική) de la pensée
politique. Celui qui possède les principes généraux de la véritable
législation sera le plus capable d'en déduire des règles pour la
conduite de sa famille et en même temps pour tenir compte des
exceptions que comportent parfois les particularités de certains
caractères. Nous savons par la *Politique* (I, ch. II) que, pour Aristote, la famille se déduit de l'État, dont l'idée est logiquement
antérieure. » (Note de M. Grant.)

2. « Puisque chaque enfant reçoit personnellement le genre de
soins qui lui convient davantage. » (M. Barthélemy Saint-Hilaire.)

3. Ἀλλ' ἐπιμεληθείη... ἢ τοῖς τοιοῖσδε. « Mais cependant le méde-

Οὐ μὴν ἀλλ᾽ ἑνός τινος οὐδὲν ἴσως; κωλύει καλῶς ἐπιμεληθῆναι καὶ ἀνεπιστήμονα ὄντα, τεθεαμένον δ᾽ ἀκριβῶς τὰ συρβαίνοντα ἐφ᾽ ἑκάστῳ δι᾽ ἐμπειρίαν, καθάπερ καὶ ἰατροὶ ἔνιοι δοκοῦσιν ἑαυτῶν[1] ἄριστοι εἶναι, ἑτέρῳ οὐδὲν ἂν δυνάμενοι ἐπαρκέσαι[2]. Οὐδὲν δ᾽ ἧττον ἴσως τῷ γε βουλομένῳ τεχνικῷ γενέσθαι καὶ θεωρητικῷ ἐπὶ τὸ καθόλου βαδιστέον εἶναι δόξειεν ἄν, κἀκεῖνο γνωριστέον ὡς ἐνδέχεται· εἴρηται γὰρ ὅτι περὶ τοῦθ᾽ αἱ ἐπιστῆμαι.

Τάχα δὴ καὶ τῷ βουλομένῳ δι᾽ ἐπιμελείας βελτίους ποιεῖν, εἴτε πολλοὺς εἴτ᾽ ὀλίγους, νομοθετικῷ πειρατέον γενέσθαι, εἰ διὰ νόμων ἀγαθοὶ γενοίμεθ᾽ ἄν. Ὅντινα γὰρ οὖν καὶ τὸν προτεθέντα[3] διαθεῖναι καλῶς οὐκ ἔστι τοῦ τυχόντος, ἀλλ᾽ εἴπερ τινός, τοῦ εἰδότος, ὥσπερ ἐπὶ ἰατρικῆς καὶ τῶν λοιπῶν ὧν ἔστιν ἐπιμέλειά τις καὶ φρόνησις.

Ἆρ᾽ οὖν μετὰ τοῦτο ἐπισκεπτέον πόθεν ἢ πῶς νομοθετικὸς γένοιτ᾽ ἄν τις; ἢ καθάπερ ἐπὶ τῶν ἄλλων, παρὰ τῶν πολιτικῶν; μόριον γὰρ ἐδόκει τῆς πολιτικῆς εἶναι. Ἢ οὐχ ὅμοιον φαίνεται ἐπὶ τῆς πολιτικῆς καὶ τῶν λοιπῶν ἐπιστημῶν τε καὶ δυνάμεων; ἐν μὲν γὰρ ταῖς ἄλλαις οἱ αὐτοὶ φαίνονται τάς τε δυνάμεις παραδιδόντες καὶ ἐνερ·

cin, le maître de gymnastique, et tout homme qui possède une science en général, sont ceux qui sont les plus capables de s'occuper de chacun en particulier, parce (qu'ils savent ce qui convient) à tous, ou du moins à tous ceux qui sont tels (qui se trouvent dans des conditions analogues). »

1. Ἰατροὶ ἔνιοι δοκοῦσιν ἑαυτῶν, « quelques-uns semblent étre excellents médecins pour eux-mêmes ».

2. M. Grant rapproche de ce passage celui de la *Métaph.*, I, ch. 1 : « Πρὸς μὲν οὖν τὸ πράττειν ἐμπειρία τέχνης οὐδὲν δοκεῖ διαφέρειν, ἀλλὰ καὶ μᾶλλον ἐπιτυγχάνοντας ὁρῶμεν τοὺς ἐμπείρους τῶν ἄνευ τῆς ἐμπειρίας λόγον ἐχόντων. »

3. Ὅντινα γὰρ οὖν καὶ τὸν προτεθέντα, quel que soit l'être que l'on se propose (de rendre meilleur).

γοῦντες ἀπ' αὐτῶν, οἷον ἰατροὶ καὶ γραφεῖς· τὰ δὲ πολιτικὰ ἐπαγγέλλονται μὲν διδάσκειν οἱ σοφισταί, πράττει δ' αὐτῶν οὐδείς, ἀλλ' οἱ πολιτευόμενοι, οἳ δόξειεν ἂν δυνάμει τινὶ τοῦτο πράττειν καὶ ἐμπειρίᾳ μᾶλλον ἢ διανοίᾳ· οὔτε γὰρ γράφοντες οὔτε λέγοντες περὶ τῶν τοιούτων φαίνονται (καίτοι κάλλιον ἦν ἴσως ἢ λόγους δικανικούς τε καὶ δημηγορικούς), οὐδ' αὖ πολιτικοὺς πεποιηκότες τοὺς σφετέρους υἱεῖς ἤ τινας ἄλλους τῶν φίλων. Εὔλογον δ' ἦν, εἴπερ ἐδύναντο· οὔτε γὰρ ταῖς πόλεσιν ἄμεινον οὐδὲν κατέλιπον ἄν, οὔθ' αὑτοῖς ὑπάρξαι προέλοιντ' ἂν μᾶλλον τῆς τοιαύτης δυνάμεως, οὐδὲ δὴ τοῖς φιλτάτοις[1]. Οὐ μὴν μικρόν γε ἔοικεν ἡ ἐμπειρία συμβάλλεσθαι; οὐδὲ γὰρ ἐγίνοντο ἂν διὰ τῆς πολιτικῆς συνηθείας[2] πολιτικοί· διὸ τοῖς ἐφιεμένοις περὶ πολιτικῆς εἰδέναι προσδεῖν ἔοικεν ἐμπειρίας.

Τῶν δὲ σοφιστῶν οἱ ἐπαγγελλόμενοι[3] λίαν φαίνονται πόρρω εἶναι τοῦ διδάξαι· ὅλως γὰρ οὐδὲ ποῖόν τί ἐστιν ἢ περὶ ποῖα ἴσασιν· οὐ γὰρ ἂν τὴν αὐτὴν τῇ ῥητορικῇ οὐδὲ χείρω[4] ἐτίθεσαν, οὐδ' ἂν ᾤοντο ῥᾴδιον εἶναι τὸ νομοθετῆσαι συναγαγόντι τοὺς εὐδοκιμοῦντας τῶν νόμων· ἐκλέξασθαι γὰρ εἶναι τοὺς ἀρίστους[5], ὥσπερ οὐδὲ τὴν ἐκλογὴν οὖσαν

1. Tout ce passage renferme une allusion évidente à la discussion qui fait l'objet du *Ménon* et d'une partie du *Protagoras*. Les sophistes se donnaient comme les seuls maitres de la science politique; οἱ σοφισταί σοι οὗτοι, dit Platon dans le *Ménon*, οἵπερ μόνοι ἐπαγγέλλονται, δοκοῦσι διδάσκαλοι εἶναι ἀρετῆς. — Aristote, pas plus que Platon, ne croit que les sophistes soient bons maitres en cette science; les hommes politiques, pas davantage, puisqu'ils n'ont pu transmettre à leurs enfants la vertu politique qu'ils possédaient.

2. Διά τῆς πολιτικῆς συνηθείας, par l'habitude du gouvernement.

3. Tous les sophistes, en effet, ne se donnaient pas comme professeurs de politique.

4. Οὐδὲ χείρω ἐτίθεσαν, ni surtout ils ne l'auraient mise au-dessous.

5. « Car ils disent qu'il faut choisir les meilleures. »

συνέσεως καὶ τὸ κρῖναι ὀρθῶς μέγιστον, ὥσπερ ἐν τοῖς κατὰ μουσικήν[1]. Οἱ γὰρ ἔμπειροι περὶ ἕκαστα κρίνουσιν ὀρθῶς τὰ ἔργα[2], καὶ δι' ὧν ἢ πῶς ἐπιτελεῖται συνιᾶσιν, καὶ ποῖα ποίοις συνᾴδει· τοῖς δ' ἀπείροις ἀγαπητὸν τὸ μὴ διαλανθάνειν εἰ εὖ ἢ κακῶς πεποίηται τὸ ἔργον, ὥσπε ρἐπὶ γραφικῆς.

Οἱ δὲ νόμοι τῆς πολιτικῆς ἔργοις ἐοίκασιν· πῶς οὖν ἐκ τούτων νομοθετικὸς γένοιτ' ἄν τις, ἢ τοὺς ἀρίστους κρίναι; οὐ γὰρ φαίνονται οὐδ' ἰατρικοὶ ἐκ τῶν συγγραμμάτων γίνεσθαι. Καίτοι πειρῶνταί[3] γε λέγειν οὐ μόνον τὰ θεραπεύματα, ἀλλὰ καὶ ὡς ἰαθεῖεν ἂν καὶ ὡς δεῖ θεραπεύειν ἑκάστους, διελόμενοι τὰς ἕξεις[4]. Ταῦτα δὲ τοῖς μὲν ἐμπείροις ὠφέλιμα εἶναι δοκεῖ, τοῖς δ' ἀνεπιστήμοσιν ἀχρεῖα. Ἴσως οὖν καὶ τῶν νόμων καὶ τῶν πολιτειῶν αἱ συναγωγαὶ τοῖς μὲν δυναμένοις θεωρῆσαι καὶ κρῖναι τί καλῶς ἢ τοὐναντίον καὶ ποῖα ποίοις ἁρμόττει εὔχρηστ' ἂν εἴη· τοῖς δ' ἄνευ ἕξεως[5] τὰ τοιαῦτα διεξιοῦσιν τὸ μὲν κρίνειν καλῶς

---

1. Aristote critique ici l'empirisme superficiel des sophistes, qui se contentaient de donner à leurs disciples les résultats de l'art ou de la science, sans les mettre en possession des principes mêmes. « C'est, dit-il ailleurs (Soph., Elen., ch. xxxiii), comme si pour enseigner l'art du cordonnier, on croyait suffisant de fournir à l'apprenti un assortiment de chaussures. » Οὐ γὰρ τέχνην ἀλλὰ τὰ ἀπὸ τῆς τέχνης διδόντες παιδεύειν ὑπελάμβανον, ὥσπερ ἂν εἴ τις ἐπιστήμην φάσκων παραδώσειν ἐπὶ τὸ μηδὲν πονεῖν τούς πόδας, εἶτα σκυτοτομικὴν μὲν μὴ διδάσκοι, μηδ' ὅθεν δυνήσεται πορίζεσθαι τὰ τοιαῦτα, δοίη δὲ πολλὰ γένη παντοδαπῶν ὑποδημάτων.

2. Les sophistes sont donc inférieurs aux hommes politiques; ceux-ci, du moins, s'ils ne possèdent pas les principes de la science, ont l'expérience.

3. Καίτοι πειρῶνταί, et cependant ceux qui écrivent ces traités essaient, etc.

4. « Selon une classification des différents tempéraments. »

5. Ἕξεως, disposition de l'esprit résultant de l'acquisition de la science.

οὐκ ἂν ὑπάρχοι, εἰ μὴ ἄρα αὐτόματον, εὐσυνετώτεροι [1] δ' εἰς ταῦτα τάχ᾽ ἂν γένοιντο.

Παραλιπόντων οὖν τῶν προτέρων ἀνερεύνητον τὸ περὶ τῆς νομοθεσίας, αὐτοὺς [2] ἐπισκέψασθαι μᾶλλον βέλτιον ἴσως, καὶ ὅλως δὴ περὶ πολιτείας, ὅπως εἰς δύναμιν ἡ περὶ τὰ ἀνθρώπινα φιλοσοφία τελειωθῇ. Πρῶτον μὲν οὖν εἴ τι κατὰ μέρος εἴρηται καλῶς ὑπὸ τῶν προγενεστέρων [3] πειραθῶμεν ἐπελθεῖν, εἶτα ἐκ τῶν συνηγμένων πολιτειῶν [4] θεωρῆσαι τὰ ποῖα σώζει καὶ φθείρει τὰς πόλεις καὶ τὰ ποῖα ἑκάστας τῶν πολιτειῶν, καὶ διὰ τίνας αἰτίας αἱ μὲν καλῶς αἱ δὲ τοὐναντίον πολιτεύονται. Θεωρηθέντων γὰρ τούτων τάχ᾽ ἂν μᾶλλον συνίδοιμεν καὶ ποία πολιτεία ἀρίστη, καὶ πῶς ἑκάστη ταχθεῖσα, καὶ τίσι νόμοις καὶ ἔθεσι χρωμένη. Λέγωμεν οὖν ἀρξάμενοι [5].

1. Εὐσυνετώτεροι. Σύνεσις exprime ici l'appréciation juste qui résulte de la pratique et se distingue de κρίσις (κρίνειν καλῶς) qui est le jugement approfondi, original, dont la connaissance théorique rend seule capable.

2. C'est marquer beaucoup de dédain pour la *République* et les *Lois* de Platon.

3. Il s'agit surtout de Platon.

4. Ἐκ τῶν συνηγμένων πολιτειῶν, « d'après les constitutions que nous avons recueillies ». On sait qu'Aristote avait fait un recueil de cent cinquante-huit constitutions (πολιτεῖαι πόλεων δυοῖν δεούσαιν ἐξήκοντα καὶ ἑκατόν, καὶ ἰδίᾳ δημοκρατικαί, ὀλιγαρχικαί, καὶ ἀριστοκρατικαί, καὶ τυραννικαί, dit Diogène Laërce). Cicéron dit de son côté : (*De Fin.*, V, iv) : « Omnium fere civitatum, non Græciæ solum, sed etiam barbariæ, ab Aristotele mores, instituta, disciplinas; a Theophrasto leges etiam cognovimus. » Nous n'avons conservé de ce recueil que quelques fragments.

5. Ce dernier paragraphe expose le plan sommaire de la *Politique*, qui est ainsi le complément naturel de la *Morale*.

EXTRAITS

I

SocraTe. Examinons à présent et jugeons la vie de plaisir et la vie sage, les prenant chacune à part. — Protarque. Comment dis-tu? — Socrate. Que la sagesse n'entre pour rien dans la vie de plaisir, ni le plaisir dans la vie sage. Car si l'un de ces deux états est le bien, il faut qu'il n'ait plus absolument besoin de rien : et si l'un ou l'autre nous paraît avoir besoin de quelque autre chose, il n'est pas le vrai bien pour nous. — Protarque. Comment le serait-il? — Socrate. Veux-tu que nous fassions sur toi-même l'épreuve de ce qui en est? — Protarque. Volontiers. — Socrate. Réponds-moi donc. — Protarque. Parle. — Socrate. Consentirais-tu, Protarque, à passer toute ta vie dans la jouissance des plus grands plaisirs? — Protarque. Pourquoi non? — Socrate. S'il ne te manquait rien de ce côté-là, croirais-tu avoir besoin de quelque autre chose? — Protarque. D'aucune. — Socrate. Examine bien si tu n'aurais besoin ni de penser, ni de concevoir, ni de raisonner juste, ni de rien de semblable : quoi! pas même de voir? — Protarque. A quoi bon? Avec le bien-être, j'aurais tout. — Socrate. N'est-il pas vrai que, vivant de la sorte, tu passerais tes jours dans les plus grands plaisirs? — Protarque. Sans doute. — Socrate. Mais n'ayant ni intelligence, ni mémoire, ni science, ni jugement vrai, c'est une nécessité. qu'étant privé de toute réflexion, tu ignores même si tu as du plaisir, ou non. — Protarque. Cela est vrai. — Socrate. Et puis, étant dépourvu de mémoire, c'est encore une nécessité que tu ne te sou-

viennes point si tu as eu du plaisir autrefois, et qu'il ne
te reste pas le moindre souvenir du plaisir que tu ressens
dans le moment présent; et même, que ne jugeant pas
vrai, tu ne croies pas sentir de la joie dans le moment
que tu en sens, et qu'étant destitué de raisonnement,
tu sois incapable de conclure que tu te réjouiras dans
le temps à venir; enfin, que tu mènes la vie, non d'un
homme, mais d'un poumon marin, ou de ces espèces
d'animaux de mer qui vivent enfermés dans des coquil-
lages. Cela est-il vrai? ou pouvons-nous nous former
quelque autre idée de cet état? — PROTARQUE. Et comment s'en formerait-on une autre idée? — SOCRATE.
Eh bien, une pareille vie est-elle désirable? — PROTAR-
QUE. Ce discours, Socrate, me met dans le cas de ne
savoir absolument que dire.

PLATON, Philèbe, tr. Cousin, t. II, pp. 316-319.

II

SOCRATE. Tout ce qui nous paraîtra devenir plus et
moins, recevoir le fort et le doucement, et encore le
trop et les autres qualités semblables, il nous faut le
rassembler en quelque sorte en un, et le ranger dans
l'espèce de l'infini... Le plaisir et la douleur ont-ils des
bornes, ou sont-ils du nombre des choses susceptibles
du plus et du moins! — PHILÈBE. Oui, elles sont de ce
nombre, Socrate. — SOCRATE. Mettons donc le plaisir
du nombre des choses infinies.

PLATON, Philèbe, tr. Cousin, t. II, pp. 328-339.

III

SOCRATE. Nous avons dit souvent que lorsque la
nature de l'animal s'altère par des concrétions et des

dissolutions, des replétions et des évacuations, des augmentations et des diminutions, on ressent alors des douleurs, des souffrances, des peines, et tout ce qu'on appelle d'un pareil nom... Et lorsqu'elle se rétablit dans son premier état, nous avons admis que ce rétablissement est du plaisir... Lorsque dans le rétablissement ou l'altération de la constitution, on éprouve en même temps deux sensations contraires ; qu'ayant froid, par exemple, on est réchauffé, ou qu'ayant chaud, on est rafraîchi ; et qu'on cherche à se procurer une de ces sensations et à se délivrer de l'autre; alors le doux et l'amer, mêlés ensemble, comme on dit, et ne pouvant se séparer que très difficilement, excitent d'abord du trouble dans l'âme, et puis une tension douloureuse. — PROTARQUE. A merveille. — SOCRATE. Ces sortes de mélanges ne se forment-ils pas d'une dose tantôt égale, et tantôt inégale de douleur et de plaisir ? — PROTARQUE. Sans doute... — SOCRATE. N'est-il pas vrai aussi qu'en ces rencontres, lorsque le plaisir entre pour la meilleure part dans ce mélange, le peu de douleur qui s'y trouve joint cause une démangeaison et une irritation douce, tandis que le plaisir, se répandant en bien plus grande abondance, produit une sorte de contraction...?

Suivant l'ordre naturel des choses, après les plaisirs mélangés, il est nécessaire, en quelque sorte, que nous considérions à leur tour ceux qui sont sans mélange. — PROTARQUE. Fort bien. — SOCRATE. Je vais essayer maintenant de t'en faire connaître la nature, car je ne suis nullement de l'opinion de ceux qui prétendent que tous les plaisirs ne sont qu'une cessation de la douleur; mais, comme je le disais, je me sers d'eux comme de devins, pour prouver qu'il y a des plaisirs qu'on prend pour réels, et qui ne le sont pas; et qu'un grand nombre d'autres, qui passent pour très vifs, sont confondus avec des douleurs positives et des intervalles de repos au milieu de souffrances excessives, dans certaines situations critiques de corps et d'âme. — PRO-

TARQUE. Quels sont donc les plaisirs, Socrate, qu'on peut
à juste titre regarder pour vrais? — SOCRATE. Ce sont
ceux qui ont pour objet les belles couleurs et les belles
figures, la plupart de ceux qui naissent des odeurs et
des sons; tous ceux en un mot dont la privation n'est ni
sensible ni douloureuse, et dont la jouissance est ac-
compagnée d'une sensation agréable, sans aucun
mélange de douleur. — PROTARQUE. Comment faut-il
que nous entendions ceci, Socrate?—SOCRATE. Puisque
tu ne comprends pas sur-le-champ ce que je veux dire,
il faut tâcher de te l'expliquer. Par la beauté des figures,
je n'ai point en vue ce que la plupart pourraient s'ima-
giner, par exemple, des êtres vivants ou des peintures;
mais je parle de ce qui est droit et circulaire, plan et
solide, des ouvrages travaillés au tour ou faits à la règle
et à l'équerre, si tu conçois ma pensée. Car je soutiens
que ces figures ne sont pas, comme les autres, belles
relativement, mais qu'elles sont toujours belles par
elles-mêmes et de leur nature, qu'elles procurent certains plaisirs qui leur sont propres, et n'ont rien de
commun avec les plaisirs produits par le chatouillement.
J'en dis autant des couleurs qui sont belles de cette
beauté absolue, et des plaisirs qui leur sont attachés.
Me comprends-tu? — PROTARQUE. Je fais tous mes
efforts pour cela, Socrate; mais tâche toi-même de
t'expliquer encore plus clairement. — SOCRATE. Je dis
donc, par rapport aux sons, que ceux qui sont coulants,
clairs, qui rendent une mélodie pure, ne sont pas simplement beaux relativement, mais par eux-mêmes,
ainsi que les plaisirs, qui en sont une suite naturelle.
— PROTARQUE. J'en conviens. — SOCRATE. L'espèce de
plaisir qui résulte des odeurs a quelque chose de moins
divin, à la vérité; mais les plaisirs où il ne se mêle
aucune douleur nécessaire, par quelque voie ou par
quelque sens qu'ils parviennent jusqu'à nous, je les
mets tous dans le genre opposé à ceux dont il a été
parlé auparavant. Ce sont, si tu comprends bien, deux

différentes espèces de plaisirs. — Protarque. Je comprends. — Socrate. Ajoutons donc encore à ceci les plaisirs qui accompagnent les sciences, s'il nous paraît que ces plaisirs ne sont pas joints à une certaine soif d'apprendre, et que cette soif ne cause dès le commencement aucune douleur. — Protarque. Et il me paraît qu'il en est ainsi. — Socrate. Mais quoi ! après avoir possédé des sciences, si on vient ensuite à les perdre par l'oubli, vois-tu qu'il en résulte quelque douleur? — Protarque. Aucune, naturellement, ce n'est que par réflexion que, se voyant privé d'une science, on s'en afflige, à cause du besoin qu'on en a. — Socrate. Or, mon cher, nous considérons ici les affections naturelles, en elles-mêmes, et indépendamment de toute réflexion. — Protarque. Aussi dis-tu avec vérité, que l'oubli des sciences auquel nous sommes sujets tous les jours n'entraîne après soi aucune douleur. — Socrate. Il faut dire, par conséquent, que les plaisirs attachés aux sciences sont dégagés de toute douleur, et qu'ils ne sont pas faits pour tout le monde, mais pour un très petit nombre. — Protarque. Pourquoi ne le dirions-nous pas? — Socrate. Maintenant donc que nous avons séparé suffisamment les plaisirs purs et ceux qu'on peut avec assez de raison appeler impurs, ajoutons à ce discours que les plaisirs violents sont démesurés, et ceux qui n'ont pas de violence, mesurés. Disons que la grandeur et la vivacité des premiers, leur fréquence ou leur rareté les rangent dans le genre de l'infini, qui, avec le caractère de plus et de moins, parcourt les régions du corps et de l'âme; et que les seconds, n'ayant pas ce caractère, sont du genre mesuré.

Platon, *Philèbe,* tr. Cousin, t. II, pp. 390-224.

IV

La plupart des moralistes et des psychologues ont signalé, après Aristote, cette heureuse influence du plaisir sur le développement de l'activité. Nous ne citerons ici que deux passages, l'un de Descartes, l'autre d'Herbert Spencer.

· « Lorsque l'esprit est plein de joie, cela sert beaucoup à faire que le corps se porte mieux et que les objets présents paraissent plus agréables ; et même aussi j'ose croire que la joie intérieure a quelque secrète force pour se rendre la fortune plus favorable... Les expériences sont : que j'ai souvent remarqué que les choses que j'ai faites avec un cœur gai et sans aucune répugnance intérieure ont coutume de me succéder heureusement, jusque-là même que, dans les jeux de hasard, où il n'y a que la fortune seule qui règne, je l'ai toujours éprouvée plus favorable, ayant d'ailleurs des sujets de joie, que lorsque j'en avais de tristesse. Et ce qu'on nomme communément le génie de Socrate n'a sans doute été autre chose, sinon qu'il avait accoutumé de suivre ses inclinations intérieures, et pensait que l'événement de ce qu'il entreprenait serait heureux, lorsqu'il avait quelque secret sentiment de gaîté, et au contraire qu'il serait malheureux lorsqu'il était triste. » (*Lettre à la princesse Élisabeth,* Garn., t. III, pp. 227-228.)

« Le bonheur, dit H. Spencer, est le plus puissant des toniques. En accélérant les mouvements du pouls, il facilite l'accomplissement de toutes les fonctions, et il tend ainsi à augmenter la santé quand on la possède, à la rétablir quand on l'a perdue. De là la supériorité intrinsèque du jeu sur la gymnastique ; l'extrême intérêt que les enfants prennent au premier, la joie désordonnée avec laquelle ils se livrent à leurs plus folles boutades, sont aussi importants en eux-mêmes au développement du corps que l'exercice qui les accompagne. Et faute de ces stimulants mentaux, la gymnastique est radicalement défectueuse. » (*De l'éducation,* tr. franç., pp. 272-273.)

Paris. — Typ. G. Chamerot, 19, rue des Saints Pères. — 1863.

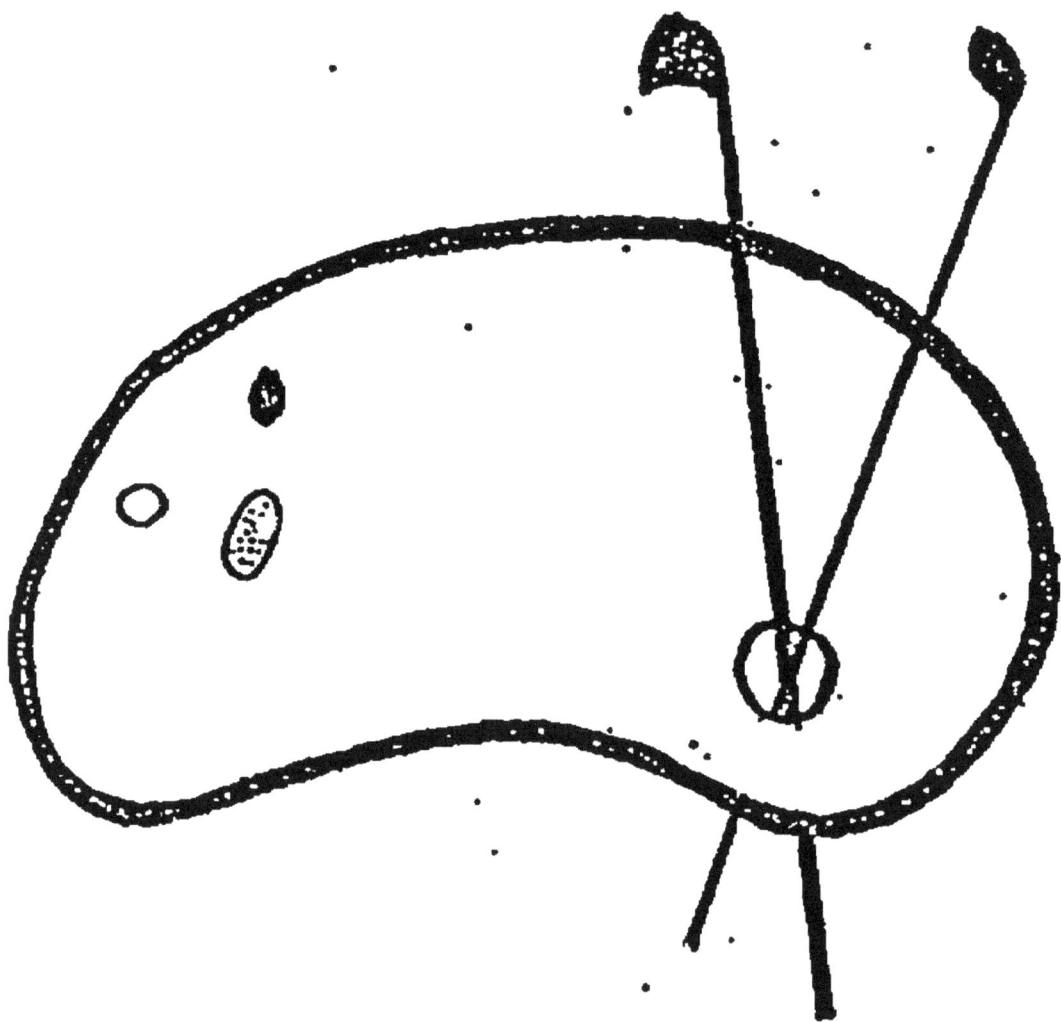

www.ingramcontent.com/pod-product-compliance
Lightning Source LLC
Chambersburg PA
CBHW060637100426

42744CB00008B/1662